Katarzyna Dorosz

Droga do szczęścia

Radość Życia Dojrzałego Człowieka

Copyright © Katarzyna Dorosz

Ilustracje do książki wykonał
Sławomir Bielenia

Projekt okładki
Łukasz Bieszke

Konsultacja merytoryczna oraz korekta
Katarzyna Królewicz-Gorzelańczyk

Skład
Alfa Skład Łukasz Bieszke
biuro@alfasklad.com.pl

Wszystkie prawa zastrzeżone,
żaden fragment tej książki nie może być publikowany
ani reprodukowany w jakiejkolwiek formie
bez pisemnej zgody wydawcy.

All rights reserved. No part of this book
may be published or copied without written permission.

Nasz organizm to cudowny świat – potężna, wszechstronna, a przede wszystkim żyjąca fabryka, w której wszystkie układy narządów mają określone zadania.

Czy nasze codzienne odżywianie ma wpływ na nasze szczęście? Na nas samych? Czy należycie panujemy nad naszym zdrowiem, naszymi emocjami i psychiką? To tylko niektóre z pytań, wywołujących zagadnienia poruszane w tej książce. Jaka ona powinna być...? Zważywszy na stan zaniedbania naszego zdrowia powinna zawierać co najmniej 1000 stron. Natomiast, biorąc pod uwagę brak czasu na czytanie i szybki rytm życia, powinna być dostosowana do realiów współczesnego człowieka. I taka będzie.

Dlaczego człowiek krzywdzi sam siebie w tak drastyczny sposób?
Na to pytanie łatwo odpowiedzieć. Praca, codzienna rutyna w życiu zawodowym i prywatnym. Brak nawyków żywieniowych wyniesionych z domu rodzinnego, gdzie posiłki nie są celebracją, a jedynie „podawaniem" pożywienia w celu przetrwania. Nie wiemy, co jemy, nie wiemy, jak jemy – byle najeść się i zaspokoić głód na kilka godzin.
To najczęstsze metody odżywiania.
Konsumpcja? Przy biurku, komputerze, wśród sterty papierów.

Nie tak powinno wyglądać nasze dbanie o siebie. Jesteśmy istotą ludzką i **powinniśmy traktować nasz organizm jak najpiękniejszą świątynię.** Celebrować jedzenie. Dbać zarówno o świeże produkty, jak i o ich eleganckie podanie. Jesteśmy tego warci.
Zasługujemy na wszystko, co najlepsze.

Często nie ma znaczenia, czy posiłek jest wykwintny, ale jak jest podany. Ładne nakrycie stołu, zapalona świeca, kolorowe serwetki. To wszystko ma znaczenie, często wręcz decyduje o tym, ile nasz organizm „wchłonie".

Dbamy o dobre paliwo do samochodów, raz w roku robimy przegląd, a jak tylko coś „stuka", natychmiast kontaktujemy się z warsztatem naprawczym. Wszystko z obawy, że dalej nie pojedziemy. Gdyby od takich przeglądów zależało życie człowieka... wymarłyby całe miliony na kontynentach. A może jednak nie na wszystkich... ?
Jakie to niesprawiedliwe, że kraje, uważające się za cywilizowane, same doprowadzają do destrukcji ludzkiego organizmu – naturalnie poprzez systematyczne zaniedbania: pośpiech, stres, fastfoody. Kraje, borykające się z brakiem żywności i walczące o codzienne przetrwanie, są zaś niejako zmuszone do wprowadzania dobrych nawyków.
Sprawiedliwość? W tym względzie brak.

A gdyby tak nasza wizyta u lekarza była uzależniona od stopnia dbałości o siebie? Może wówczas zaczęlibyśmy zwracać uwagę na to, co i jak jemy. Ze strachu...
Moja kochana babcia mawiała, że lepiej zapobiegać, aniżeli leczyć. Kiedyś nie rozumiałam jej słów, dzisiaj odczuwam je na każdym kroku... i doceniam. Przez trzy lata wyszukiwałam ważne i ciekawe tematy w książkach i artykułach. Dzisiaj chciałabym się podzielić wszystkimi pozbieranymi mądrościami w tej książce, zwrócić Państwa uwagę na ogromny wpływ odżywiania, ruchu, poprawnego oddychania i wewnętrznego spokoju na nasze samopoczucie i zdrowie.

Jesteśmy tym, co jemy

Każda nasza komórka potrzebuje innego pokarmu. Zadbajmy więc o to, aby całe nasze ciało mogło nam służyć, jak najdłużej. Abyśmy patrząc w lustro każdego ranka mogli śmiało powiedzieć: „Dbam o ciebie, bo jesteś moją największą miłością". Jeżeli ktoś nie pokocha i nie zaakceptuje siebie, nie jest w stanie pokochać innych.

Książka jest dedykowana każdemu, kto chce żyć w zgodzie z naturą i z samym sobą. Kto chce odkrywać radość życia z każdego dnia. Nauczmy się cieszyć z tego, co mamy, kim jesteśmy, z drobiazgów. Cieszmy się, że jesteśmy zdrowi i dbajmy o siebie najpiękniej, jak potrafimy.

Mam nadzieję, że tych kilka wskazówek przyda się do zmiany naszych nawyków.
Do zmiany naszego życia.
Do wkroczenia na drogę do szczęścia…

Ponieważ oddech
łączy nasz umysł z naszym ciałem,
przerzucając most
pomiędzy świadomością i nieświadomością,
będę dziś co rusz kierować moją uwagę
na swój oddech.
W ten sposób stawię czoła
teraźniejszości.

Rozdział 1
Psychika i ciało

Wszystko zaczyna się od głowy: emocje i przekonania a zdrowie

Ludzie w naszej kulturze intuicyjnie wyczuwają, że zjawiska psychiczne – uczucia i myśli – mają istotny wpływ na zdrowie fizyczne. Zauważmy, jak często używamy takich zwrotów, jak „umierać ze strachu" czy „rozchorować się ze zmartwienia". Mówimy także, że ktoś „miał wolę życia", a ktoś inny umarł, „bo serce mu pękło z żalu".

Współczesnym badaczom udało się zgromadzić dowody, potwierdzające związek pomiędzy psychiką a ciałem, którego istnienie podejrzewano już od dawna. Hipoteza, że nagły, intensywny rozstrój emocjonalny potrafi nawet zabić, sięga korzeniami jeszcze czasów biblijnych. Na przestrzeni wieków wielokrotnie dowodzono, że ogromny strach może prowadzić do śmierci osoby, która go doświadczyła. Dzieje się tak także w czasach współczesnych, czego dobitnym przykładem (dostarczonym przez naturę) było trzęsienie ziemi, które w 1994 roku nawiedziło Los Angeles. Temat ten poruszony został w referacie wygłoszonym przez dwóch kardiologów ze szpitala Goud Samarytan w Los Angeles na zjeździe American College of Cardiology w 1995 roku. Dokonali oni przeglądu przyczyn zgonów ewidencjonowanych w dokumentacji urzędu koronera i stwierdzili, że w dniu trzęsienia ziemi ryzyko śmierci z powodu zawału było rzeczywiście wyższe.

Warto zatem poświęcić czas i zastanowić się nad swoimi emocjami, nad związkiem psychiki i ciała. To przecież jedność, dlaczego więc staramy się traktować ją jako dwa elementy? Człowiek współczesny w szybkim tempie życia nie myśli o takich sprawach, dopóki nie zetknie się z chorobą osoby bliskiej lub własnej. Czas na rozmyślania jest zastąpiony czasem na „zarabianie", na wnoszenie do swego życia jak największych środków na dobra konsumpcyjne.

Kiedy mamy czas na odpoczynek? Urlop? Spędzony z telefonem komórkowym... Brak izolacji od stresu, podejmowania decyzji, odpowiedzialności. To wszystko ma wpływ na nasze myśli, postrzeganie siebie, oddziaływanie na nasze zmysły.

Psycholog, Lidia Temoshok, opracowała nawet badania, które potwierdzają, iż pewien system zachowań może przyczynić się do wywołania i rozwoju raka (ang.: cancer). Nazwała go wzorem osobowości typu C. Obejmuje on takie cechy zachowań, jak skłonność do poświęceń, niezwykła uprzejmość, bierność w obliczu stresu, ustępliwość, nieujawnianie złości i innych negatywnych uczuć. Główną rolę odgrywa tu tłumienie emocji. Temoshok wysunęła hipotezę, że style radzenia sobie ze stresem tworzą kontinuum. Chorzy na raka to często „najmilsi z ludzi".

Dlatego bądź asertywny, wyrzucaj z siebie złość!

Możesz uprawiać sport, pływać, biegać... Polecam tu taniec flamenco – doskonale wytupuje się stres.

Rób coś ze swoimi emocjami – szczególnie tymi negatywnymi, nagromadzonymi w ciągu dnia. Nie siedź przed telewizorem – pójdź na spacer, wycisz się, popatrz w niebo na gwiazdy, księżyc, posłuchaj szumu drzew, śpiewu ptaków. Zrób coś ze swoim organizmem, póki nie jest za późno. A nade wszystko: pokochaj siebie i zaopiekuj się sobą – tak, jak opiekujesz się swoim autem, psem, rybkami, kwiatami.

Zbawczy wpływ psychiki na ciało: psychoneuroimmunologia

„W inteligencję wyposażona jest każda komórka naszego ciała. Rozum to nie tylko to, co znajduje się od szyi w górę".

– Candace Pert

W 1081 roku Robert Ader ochrzcił nową dziedzinę nauki mianem psychoneuroimmunologii, wydając książkę właśnie pod tym tytułem (ang. „Psychoneuroimmunology"). Przedmiotem tej dyscypliny jest wpływ zależności między układem odpornościowym a mózgiem na ludzkie zdrowie. Dopiero od niedawna naukowcy zaczynają zauważać związek pomiędzy trzema układami: układem odpornościowym, broniącym organizmu przed inwazją z zewnątrz, układem wydzielania wewnętrznego, czyli endokrynnym, który wytwarza substancje o potężnym działaniu – hormony, oraz układem nerwowym, w którego skład wchodzi między innymi mózg. Nawet jeśli układ odpornościowy gra w tej drużynie rolę głównego obrońcy, nie przestaje on być tylko jednym z członków zespołu.

Na układ odpornościowy składa się wiele różnych rodzajów komórek i narządów przystosowanych do obrony organizmu przed atakiem z zewnątrz. Gdy wszystko przebiega zgodnie z planem, obronie immunologicznej udaje się zwalczyć czynniki chorobotwórcze – wirusy, bakterie, grzyby. Ale zdarza się, że coś szwankuje i układ odpornościowy mylnie uznaje substancje obojętne dla zdrowia (np. pyłki roślin czy kurz) za zagrożenie – wówczas rozwija się alergia. Układ może zwrócić się także przeciwko własnemu organizmowi, co prowadzi np. do reumatologicznego zapalenia stawów lub tocznia rumieniowatego.

Działanie układu odpornościowego

Układ odpornościowy odgrywa zasadniczą rolę w zwalczaniu raka. Według jednej z teorii, komórki odpornościowe patrolują organizm, wyszukując i unieszkodliwiając wszelkie komórki rakowe. Gdy system nadzoru i obrony załamie się lub zostanie przeciążony, dochodzi do rozwoju nowotworu. Różne rodzaje komórek układu odpornościowego tworzą potężną armię.

Oto niektóre z nich:

Limfocyty – niewielkie białe krwinki (jest ich około biliona) są najważniejszym składnikiem układu odpornościowego. Wyróżnia się dwa podstawowe typy limfocytów: limfocyty B i T.

Limfocyty B – wytwarzają przeciwciała, czyli niewielkie cząsteczki białka, których zadaniem jest osaczanie bakterii, wirusów i innych ciał obcych, krążących w krwiobiegu. Każdy limfocyt B uwalnia swoiste przeciwciało, zwalczające jeden rodzaj antygenu.

Limfocyty T – wydzielają limfokin, silny przekaźnik chemiczny, który mobilizuje inne komórki i substancje do obrony. Limfocyty T cytotoksyczne podejmują bezpośrednią walkę z wybranym celem. Atakują zainfekowane lub zmienione nowotworowo komórki organizmu, także obce komórki przeszczepionego narządu. Limfocyty T regulacyjne zawiadują reakcjami immunologicznymi i regulują ich przebieg. Dzielą się na dwa rodzaje: pomocnicze i supresorowe.

Limfocyty T pomocnicze – pobudzają one limfocyty B do wytwarzania przeciwciał. Aktywizują także limfocyty T cytotoksyczne i uruchamiają inne reakcje immunologiczne. Drastyczny spadek liczby limfocytów T pomocniczych jest charakterystyczny dla AIDS.

Limfocyty T supresorowe – zadaniem ich jest wyłączenie limfocytów T pomocniczych z chwilą, gdy wytworzyły one wystarczającą ilość przeciwciał.

Naturalne komórki cytotoksyczne – komórki te uzbrojone są w potężną broń chemiczną. Od limfocytów T cytotoksycznych różnią się tym, że nie muszą rozpoznawać specyficznego antygenu, by przejść do zmasowanego ataku. Dzięki temu potrafią unieszkodliwiać bardzo różnych wrogów.

Fagocyty – są to duże, białe krwinki, które potrafią połknąć i strawić bakterie, a także inne mikroorganizmy oraz obce cząsteczki. Monocyt, jeden z rodzajów fagocytów, po wniknięciu do tkanki przeistacza się w makrofagi.

Makrofagi – są to szczególnie żarłoczne fagocyty. Charakteryzują się ogromną wszechstronnością. Pożerają mikroby i eksponują na swojej powierzchni antygeny obce limfocytom T pomocniczym.

W skład układu odpornościowego wchodzi też wiele narządów, zwanych narządami limfatycznymi. Należą do nich: szpik kostny, grasica, węzły chłonne, śledziona, migdałki, wyrostek robaczkowy, skupiska tkanki limfatycznej w jelicie cienkim, a także naczynia limfatyczne i krwionośne.

Psychoneuroimmunologia, czyli PNI albo **Prawdziwie Niezwykła Intuicja** – to nauka o wzajemnych zależnościach zachodzących między zachowaniem (psycho-), czynnością układu nerwowego i układu wydzielania wewnętrznego (neuro-) a procesami immunologicznymi (immunologia).

Oto kilka przykładów sfer objętych działaniem tej fascynującej dziedziny:
- uszkodzenie mózgu a układ odpornościowy,
- dominacja mózgowa a choroby układu odpornościowego,
- czynniki pobudzające układ odpornościowy a układ nerwowy.

Stres i rozluźnienie

Każdy z nas doznał kiedyś uczucia głębokiego zmęczenia z powodu nadmiernego wysiłku i czasu włożonego w pracę. W Japonii każdego roku ok. 30 tysięcy osób pada ofiarą karoshi – śmierci z przepracowania. Amerykańska ekonomistka, Juliet B. Schor, obliczył, że przeciętny Amerykanin dysponuje zmniejszoną liczbą godzin czasu wolnego o 47 godzin, w ciągu jednego pokolenia. Już w 1986 roku uczeni doszli do ważnego stwierdzenia, że **stresem nie jest to, co się człowiekowi przydarza, lecz to, w jaki sposób człowiek wewnętrznie reaguje na rozmaite sytuacje.**

Pojęcie stresu wprowadzone zostało przez Hansa Hugona Selye'a, który badaniu tego zjawiska poświęcił 50 lat pracy naukowej. Opublikował ponad 1400 artykułów i 30 książek na temat tego zagadnienia. Z tego też powodu nosił on przydomek dr Stress.

Selye jako pierwszy postawił hipotezę, że szereg chorób somatycznych jest skutkiem niezdolności człowieka do radzenia sobie ze stresem. Zjawisko to nazwał mianem niewydolności tzw. syndromu ogólnej adaptacji i opisał je w pierwszej swojej książce na ten temat pt. „The Stress of Life" (1956 rok). W swoich badaniach bazował niejednokrotnie na osiągnięciach W. Cannona.

Walter Cannon, uznawany za ojca filozofii stresu, rozwinął myśl francuskiego fizjologa z połowy XIX wieku, Clauda Bernarda, który pisał o tzw. milieu interieur, czyli środowisku wewnętrznym organizmu, którego poznanie prowadzi do zrozumienia choroby.

Wprowadził pojęcie homeostazy, które opisał w swojej książce pt. „The Wisdom of the Body" („Mądrość organizmu"). Homeostaza to stałe dążenie organizmu do przywrócenia równowagi w odpowiedzi na zmiany zewnętrzne.

Cannon przedstawił koncepcję reakcji walki lub ucieczki, czyli wewnętrznej reakcji adaptacyjnej organizmu na zagrożenia. W dawnych czasach człowiek musiał się przeciwstawiać stresorom fizycznym, czego przykładem jest chociażby ucieczka przed dzikim zwierzęciem. Obecnie mamy do czynienia ze stresorami natury psychicznej i społecznej, jak kłopoty w pracy czy problemy w rodzinie.

Układ współczulny włącza się, gdy coś nas przeraża. Organizm wydziela hormony z grupy katecholamin, pobudzając największe narządy. Adrenalina i noradrenalina zaczynają działać już w ciągu kilku sekund, powodując zmiany w organizmie, niezbędne do podjęcia nagłej akcji. Serce bije w przyspieszonym tempie, szybko oddychamy, wzrasta ciśnienie krwi, zwiększa się także poziom cukru. Percepcja ulega wyostrzeniu, a wrażliwość na ból stłumieniu. **Żołądek i jelito cienkie przestają trawić, zahamowane zostają procesy odpowiedzialne za wzrost i rozmnażanie.**

Bazując na badaniach Cannona, Selye jako pierwszy udowodnił, że rozstrój emocjonalny może doprowadzić, za pośrednictwem chemicznych przekaźników, łączących psychikę z ciałem, do choroby fizycznej. Ale to właśnie Selye stwierdził też, że nie każdy stres jest szkodliwy. Łagodny, krótkotrwały i kontrolowany – nazwany „solą życia" – działa pobudzająco na rozwój emocjonalny i intelektualny. Jedynie stres silny i długotrwały (niekontrolowany) prowadzi do choroby.

W medycynie stres jest zatem stanem, który przejawia się zespołem nieswoistych zmian, wywołanych w całym układzie biologicznym, człowieka lub zwierzęcia, przez czynnik stresujący.

Stresorami psychicznymi są np.: bodźce sytuacyjne, sytuacje konfliktowe i frustracyjne.
Ale stresorem może być każdy czynnik (biologiczny, chemiczny, termiczny, wysiłek), który wyzwala w mniejszym lub większym stopniu zmiany nieswoiste.

Stres ma 3 stadia:
- alarmowe,
- adaptacji,
- wyczerpania.

Stresory doprowadzają do zaburzenia homeostazy organizmu. W przypadkach, gdy stresor jest bardzo silny, dochodzi do wyczerpania możliwości przystosowawczych. Wówczas wzrasta ryzyko powstania wielu patologii, np. chorób układu krążenia, choroby reumatycznej, zaburzeń trawienia, metabolizmu lub reakcji alergicznych.

Głównymi regulatorami zespołu stresu są: mózg, nerwy, przysadka mózgowa, nadnercza, wątroba, naczynia krwionośne, tkanka łączna, krwinki białe.

Gdy procesy fizjologiczne, zamiast służyć regeneracji organizmu, utrzymywane są stale w stanie pogotowia, funkcje obronne ulegają stępieniu, następuje zakłócenie procesów regeneracji tkanek i zahamowanie wzrostu.

Relaks

W potocznym rozumieniu relaks jest określany jako rozluźnienie, odprężenie. Bardziej fachowo mówi się o zwolnieniu psychofizycznym, zmniejszeniu napięcia somatopsychicznego (cielesno-psychicznego) czy reakcji demobilizacyjnej (zmniejszenie mobilizacji) organizmu, czyli właśnie o relaksie. Pierwszy raz terminu tego użył doktor medycyny i profesor Har-vardu, Herbert Benson, podczas prowadzonych badań nad osobami medytującymi.

Relaks to przeciwieństwo ataku-ucieczki. Polega na zmniejszeniu aktywności układu sympatycznego, co w praktyce oznacza przede wszystkim:
- zmniejszenie zużycia tlenu przez organizm o około 10-20%,
- zmniejszenie ilości uderzeń serca o około 3 uderzeń na minutę,
- zwolnienie rytmu oddychania,
- zmniejszenie poziomu kwasu mlekowego,
- wzrost fal alfa w korze mózgowej.

W ciągu dnia funkcjonujemy w stanie, w którym dominują fale beta. Wchodząc w stan relaksu, częstotliwość fal mózgowych zmienia się wskutek uwolnienia ciała od napięć i przeważać zaczynają fale z grupy alfa, a taki stan świadomości sprzyja zdrowemu funkcjonowaniu – dzięki m.in. obniżeniu poziomu tzw. hormonów stresu (adrenalina, norefinefryna) – i zwiększa podatność podświadomości na sugestie (afirmacje), odczucia oraz obrazy (wizualizacje). Stan alfa występuje również naturalnie przed zaśnięciem i po przebudzeniu.

Poza wymienionymi wyżej cechami, na syndrom relaksu składają się także:
- zmniejszenie napięcia mięśniowego,
- zwolnienie tempa przemiany materii,
- rozszerzanie się naczyń krwionośnych,
- wzrost temperatury niektórych partii ciała.

Warto zapamiętać, że w czasie relaksacji zawsze uwalniamy się od napięć w mięśniach, co jednocześnie powoduje wyciszenie emocji oraz uspokojenie umysłu.

Według Bensona, w stan odprężenia można się wprowadzić za pomocą różnych technik. Ich dobór jest kwestią indywidualną. Jednak niezależnie od tego, na którą z nich się pacjent zdecyduje, powinien stosować ją przez 10-20 minut, raz lub dwa razy dziennie, najlepiej w pozycji siedzącej, w spokojnym otoczeniu, wolnym od czynników rozpraszających.

„Od zarania dziejów społeczeństwa uczyły swoich członków metod wprowadzania się w stan odprężenia, zwykle o charakterze religijnym. Do osiągnięcia tego stanu – mówi Benson – *niezbędne są: powtarzanie jakiegoś wyrazu, zwrotu, dźwięku czy modlitwy".*

Benson poleca powtarzanie na wydechu sylaby „om".

Warto tu także zaznaczyć, że prowadzone były różne badania poświęcone modlitwie jako terapii osób uzależnionych od różnych substancji. Benson odnalazł przykłady odmawiania pewnej modlitwy chrześcijańskiej, tzw. „Modlitwy Jezusowej", które opisane zostały w Grecji już w XIV wieku. Należało usiąść w cichym miejscu i powtarzać na każdym wydechu „Panie Jezu Chryste, zmiłuj się nade mną".

W stosowaniu tej techniki relaksacyjnej zalecana jest:
– systematyczność w praktyce, poprzez ustalenie pór czasowych,
– wybór miejsca w odosobnieniu, spokojnego, w półmroku, przed ikoną (nie wyklucza to dodatkowego, zupełnie swobodnego, wzywania Imienia w każdym czasie i miejscu, np. w kościele, domu, na ulicy, w biurze, w warsztacie, podczas marszu etc.).

Technika ta pomaga osiągnąć spokój i skupienie.

W psychologii i medycynie stosuje się ćwiczenia relaksacyjne jako tzw. postępowanie o szerokim zakresie działania. Oznacza to, że zaleca się je prawie przy wszystkich znanych chorobach w celu zmniejszenia ich negatywnych skutków psychicznych.

Ćwiczenia te można także stosować w sposób ukierunkowany, na przykład w celu stymulowania układu odpornościowego lub, jak w przypadku astmy na tle alergicznym, w celu przywrócenia równowagi tego układu. Alergicy to osoby o zbyt silnie reagującym, a nie osłabionym, układzie immunologicznym.

Działanie ćwiczeń relaksacyjnych opiera się na oddziaływaniu układu przywspółczulnego, który odpowiada za wypoczynek i regenerację organizmu. Gdy organizm się odpręża, maleje znacznie napięcie mięśni, wydziela się mniej potu, co jest uważane za oznakę zmniejszenia stresu. Maleje stężenie hormonu stresu, kortyzolu, we krwi, wzrasta temperatura skóry, która staje się lepiej ukrwiona, zwalnia się oddech.

Trening psychiczny wpływa nie tylko na nasze ciało. Pozwala również zmieniać stany psychiczne. Dzięki ćwiczeniom relaksacyjnym zmniejsza się lękliwość, depresyjność, nerwowość. Poprawia się zdolność koncentracji.

Wizualizacja

Wizualizacja to kreowanie obrazów we własnym umyśle. Polega na wyobrażeniu sobie czegoś, co dociera do nas za pomocą zmysłów: wzroku, słuchu, węchu, smaku, dotyku. To rodzaj aktywności psychicznej. Pomaga zmobilizować się do działania i wzięcia swojego życia we własne ręce.

Nauczmy się posługiwać wyobraźnią, aby przywoływać to, czego pragniemy, tworząc pozytywny obraz, który w przyszłości ma się zmaterializować. To my sami decydujemy, czego pragniemy i co chcemy przyciągnąć do siebie.

Naszym podstawowym celem jest przekształcenie mentalnego nastawienia poprzez zmianę dominujących myśli i przekonań. By stać się panem własnego życia, musimy opanować nasz umysł.

Przyciągamy do swojego życia te rzeczy, warunki i okoliczności, które korespondują z naszymi dominującymi myślami i przekonaniami – zarówno świadomymi, jak i nieświadomymi. Każdy obszar naszego życia (zdrowie, finanse, związki) jest pod wpływem tego potężnego Uniwersalnego Prawa – **„podobne przyciąga podobne".**

Wewnętrzny spokój i pogodzenie się z tym, co jest, pomaga zrozumieć, że wszystko, czego doświadczamy („złego" lub „dobrego") jest wynikiem twórczej mocy umysłu. To my jesteśmy twórcami swojej rzeczywistości. Za pomocą naszego umysłu jesteśmy Jedynym Stwórcą, dla którego wszystko jest możliwe. Kiedy uwalniamy się od pragnienia, zmienia się ono w naszą wolę. Nasza wola jest zaś naszą intencją, zamierzeniem – jest **naszym wyborem**.

Postarajmy się uczynić ten stan uwolnienia częścią codziennego życia i sesji wizualizacji. Cieszyć się będziemy wtedy takim spokojem umysłu, jakiego dotąd nie doświadczyliśmy. **Weźmy odpowiedzialność za własne życie, dając sobie w ten sposób siłę do jego zmiany.**

Jeanne Achterberg, profesor psychologii w Instytucie w San Francisco, dowodzi, że każde społeczeństwo wytwarza własne rytuały, ułatwiające jego członkom radzenie sobie w najtrudniejszym momencie życia, np. w walce ze stresem. Polecam także książkę Carla Simonta pt. „Powrót do zdrowia" – porusza ona temat wykorzystania wizualizacji w leczeniu raka.

Wizualizacja powinna uzupełniać, a nie zastępować tradycyjne metody leczenia.

Wizualizacja w zastosowaniu do pacjentów chorych somatycznie jest wykorzystywana w celu mobilizowania sił organizmu do walki z chorobą. Rozwój choroby czy rezygnacja z mobilizacji sił obronnych organizmu, zwalczających chorobę, przebiegają równocześnie na płaszczyźnie fizjologicznej i psychicznej. Wykorzystuje się tutaj badania nad systemem sprzężenia zwrotnego między funkcjami biologicznymi organizmu a świadomością i wyobrażeniem tych funkcji – „biofeedback" jest metodą pozwalającą kontrolować procesy zachodzące w organizmie.

Wyniki badań wskazują na możliwości uczenia się pacjenta w zakresie modyfikowania funkcji własnego ciała, np. rytmu własnego serca, ciśnienia tętniczego czy temperatury, za pomocą tworzonych w umyśle obrazów. Zakłada się, że dla zdrowia somatycznego ważne jest uzyskanie harmonii między czterema wymiarami istnienia człowieka: cielesnym, duchowym, psychicznym, społecznym.

Choroba jest procesem uwarunkowanym wieloczynnikowo – nie tylko przez czynniki szkodliwe w organizmie (np. komórki nowotworowe, bakterie, wirusy) i genetyczne, ale także przez styl i filozofię życia, sposób odżywiania się, chęć życia, stymulującą system immunologiczny. Sytuacje życiowego impasu, wywołujące poczucie bezradności czy beznadziejności, mogą doprowadzić do nieświadomego wytworzenia symptomów chorobowych, które stanowią sygnał alarmowy, próbę wyjścia z impasu, choć równocześnie stwarzać mogą zagrożenia dla organizmu.

Medytacja Ojca Serafina z Góry Athos

Kiedy medytujesz, bądź jak góra
Nieruchomo osadzona w ciszy.
Jej myśli zakorzenione są w wieczności.
Nie rób niczego, siedź, bądź,
a poznasz owoce płynące z modlitwy.

Kiedy medytujesz, bądź jak kwiat,
Zawsze skierowany ku słońcu.
Jego łodyga jak kręgosłup, zawsze jest prosta.
Bądź otwarty, gotowy przyjąć wszystko bez lęku,
- a nie zabraknie ci światła w drodze

Kiedy medytujesz, bądź jak ocean,
W swej głębi zawsze nieporuszony.
Jego fale przypływają i odpływają.
Bądź spokojny w swym wnętrzu,
a złe myśli same odejdą.

Kiedy medytujesz, pamiętaj o oddechu,
Dzięki niemu człowiek stał się istotą żyjącą,
Oddech od Boga pochodzi i do Boga wraca.
Zjednocz słowo modlitwy ze strumieniem życia,
a nic od Dawcy życia cię nie odłączy.

Kiedy medytujesz, bądź jak ptak,
Śpiewający bez wytchnienia przed obliczem Stwórcy.
Jego pieśń wznosi się jak dym kadzidła.
Niech i twoja modlitwa będzie jak gruchanie gołębia
a nie poddasz się zniechęceniu.

Kiedy medytujesz, bądź jak Abraham
Składający swego syna w ofierze.
Był to znak, że gotów jest oddać wszystko.
I ty pozostaw wszystko,
a w opuszczeniu Bóg napełni cię swą obecnością.

Kiedy medytujesz, to Jezus
modli się w tobie do Ojca w Duchu.
Jesteś niesiony żarem Jego miłości.
Bądź jak rzeka służąca każdemu,
a przyjdzie czas że przemienisz się w Miłość.

Góra uczy sensu wieczności,
Kwiat, gdy więdnie uczy przemijania,
Ocean uczy spokoju wśród przeciwności,
a miłość uczy zawsze Miłości.

oprac. ojciec Jan Mirosław Bereza OSB

Twój szczęśliwy poranek

Jedna z metod stosowana w medytacji.

Budzimy się i zaczynamy dzień szczerym uśmiechem. Cieszymy się, że przed nami kolejny nowy dzień. Siadamy na podłodze i wykonujemy kilka spokojnych ćwiczeń rozciągających.

Kiedy już nasze ciało rozgrzeje się i poczujemy przypływ endorfin (hormonów szczęścia), zamknijmy oczy i poświęćmy trochę czasu na medytację (możemy siedzieć lub leżeć). Nasz oddech staje się spokojny, a umysł jasny i wolny od trosk.

Kiedy otworzymy oczy, poczujemy spokój oraz silne przekonanie, że wszystko będzie dobrze. Poczujemy się bezpiecznie, spokojnie, zaczniemy myśleć pozytywnie. Nabierzemy pewności siebie.

Weźmy książkę z łacińskimi przysłowiami, Biblię lub poezję i czytajmy przez pięć minut. Przeczytajmy krótki tekst i zastanówmy się nad jego sensem.

Zaplanujmy codziennie około 20 minut na ten poranny rytuał, który umocni nas na resztę dnia i doda sił do zmagania się z codziennością.

Leczniczy wpływ przyjaźni

Psycholog Robert Ornstein i lekarz David Sobel w swojej książce z 1989 roku, pt. „Zdrowe Przyjemności" (ang. „Healthy Pleasures"), przedstawili własną wersję zasady przyjemności:

> **„Krótko mówiąc, najzdrowsi są ci,**
> **którzy kochają to, co przyjemne,**
> **szukają tego, co przyjemne**
> **i tworzą to, co przyjemne".**

Mózg jest bogato wyposażony w substancje chemiczne zdolne do przekazywania sygnałów przyjemności z jednej komórki nerwowej do drugiej. Zdolność człowieka do odczuwania radości ewaluowała stopniowo, zwiększając szansę przetrwania, dzięki temu, że zdrowe zachowania – jedzenie, rozmnażanie się – były przyjemne.

Według Kennetha Pelletiera, profesora nadzwyczajnego medycyny klinicznej w Ośrodku Badawczym Profilaktyki Medycznej Stanforda, *„zdrowie jest wewnętrzną własnością człowieka, która wywołuje określone zdrowe zachowania, sama jednak nie sprowadza się do tych praktyk".*

Nie wystarczy być bogatym, przestrzegać odpowiedniej diety i zażywać regularnie ruchu, by być zdrowym i szczęśliwym. Kluczowym czynnikiem, według Pelletiera, jest *„wyjście poza kwestie czysto materialne oraz związane z konkurencją we wszystkich dziedzinach życia i odnalezienie jego głębszego sensu".*

Podstawą radości życia jest dawanie – troska o dobro innych.

W ciągu ostatnich kilkunastu lat powstało bardzo wiele grup wzajemnej pomocy. Są to stowarzyszenia, którymi kierują sami członkowie. Udział w organizowanych przez nich spotkaniach zmniejsza poczucie izolacji społecznej. Wiele z takich grup broni praw swoich członków i walczy o zaspokojenie ich potrzeb.

Teresa Seeman, profesor nadzwyczajny gerontologii w Centrum Gerontologii Andrusa przy Uniwersytecie Południowej Kalifornii, zajmuje się badaniem więzi społecznej u osób w podeszłym wieku. W jednym z badań wzięło udział 2806 osób w wieku 65 lat wzwyż. Żadna z nich nie mieszkała w domu starców. Z każdą osobą przeprowadzono godzinny wywiad.

Seeman stwierdziła, że istotna jest możliwość rozmawiania z kimś o swoich problemach, a nie sam fakt posiadania żony czy męża (ten czynnik sam w sobie nie koreluje ze wsparciem). Okazało się, że dorosłe dzieci często zapewniają wsparcie instrumentalne, natomiast dostarczycielami wsparcia emocjonalnego są najczęściej przyjaciele i inni członkowie rodziny. Dowiedziono też, że wsparcie nie musi być adekwatne do rozległości kontaktów społecznych i geograficznej bliskości rodziny i przyjaciół, chociaż czynniki te wpływają na jego dostępność.

Najwyraźniej wsparcie to coś więcej niż fizyczna obecność.

„Człowiek jest częścią całości, którą zwiemy wszechświatem,
częścią ograniczoną w czasie i przestrzeni.
Siebie, swych myśli i uczuć, doświadcza jako
czegoś oddzielnego od reszty
– to coś w rodzaju optycznej iluzji jego świadomości.
Ta iluzja jest więzieniem,
które ogranicza nas do osobistych pragnień
i miłości dla jedynie kilku najbliższych nam ludzi.
Naszym celem musi być uwolnienie się z tego więzienia
poprzez poszerzenie kręgu współczucia,
tak, by objął wszystkie żyjące istoty
i całą naturę".

Albert Einstein

Miłość i zażyłość leżą u samych podstaw tego, co decyduje o chorobie i zdrowiu, co przynosi smutek i sprawia radość, co powoduje cierpienie i prowadzi do wyleczenia.

Dr Dean Ornish w swojej książce pt. „Miłość i przetrwanie" twierdzi, że wsparcie społeczne, związek, wspólnota mają ogromny wpływ na stan naszego zdrowia. Kiedy czujemy się kochani, otoczeni troską i serdecznością, możemy być znacznie szczęśliwsi i zdrowsi. Ryzyko zachorowania jest dużo mniejsze, a jeśli już tak się stanie, mamy dużą szansę na przeżycie.

Miłość i związki mają działanie ochronne. Wzmacniają naszą odporność na chorobę. Posługując się metaforą Pasteura, można powiedzieć, że samotność i izolacja wspomagają tworzenie żyznej ziemi, na której mogą rosnąć mikroby.

Doświadczenie wzajemnego powiązania wszelkich form życia jest częścią tradycji duchowych i odwiecznej mądrości w praktycznie wszystkich religiach i kulturach.

Miłości nie można wyrazić słowami. Jednakże można do niej dotrzeć w bardzo realny sposób i dlatego po omacku szukamy metody, która otworzy nam do niej drogę. W intymności chodzi nie tylko o miłość. Chodzi w niej również o spokój. Mówimy o spokoju wewnętrznym. Czym on jest? To poczucie całkowitej otwartości, w której nic innego nie musi się wydarzyć, łącznie z leczeniem lub uzdrawianiem. Jest to całkowita gotowość do bycia w harmonii z takim stanem rzeczy, jaki jest w tej chwili.

Dla mnie jest to właśnie równoznaczne z miłością, intymnością, z najwyższą mądrością i odwagą.

Muzykoterapia

Kolejną pozycję na liście wielkich przyjemności życiowych zajmuje muzyka. Jej związki z medycyną sięgają czasów starożytnych. Pod koniec XIX wieku zaczęto badać wpływ muzyki na takie procesy fizjologiczne, jak pojemność minutowa serca, częstość oddechów i ciśnienie krwi. W 1986 roku na łamach „Journal of Music Therapy" opublikowano wyniki metaanalizy 30 różnych badań nad zastosowaniem muzyki w praktyce medycznej i stomatologicznej. Muzyki używano najczęściej do uśmierzania bólu i lęku.

Obecnie prowadzi się badania nad muzykoterapią, czyli metodą wykorzystującą terapeutyczne właściwości muzyki do poprawy stanu fizycznego, psychicznego i umysłowego leczonych osób. Muzyka uspokajająca działa jak środek przeciwbólowy, natomiast stymulująca przede wszystkim odwraca uwagę.

Spotykamy się z opinią, że techniki odwracające uwagę – techniki relaksacyjne, medytacja, hipnoza, wizualizacja – to różne w swej formie strategie zwalczania bólu. Wielu ludzi zupełnie instynktownie słucha muzyki, aby w ten sposób nie myśleć o swoim cierpieniu. Każda taka forma aktywności jest dobra, o ile jest skuteczna. Znajdźmy coś dla siebie.

„Muzyka powinna zapalać płomień w sercu mężczyzny i napełniać łzami oczy kobiety".
Ludwig van Beethoven

„Muzyka uspokaja umysł, ułatwia wzlot myśli, a gdy trzeba, pobudza do walki".
Agrippa von Nettesheim

Śmiech to zdrowie

Skoro śmiech i radość to zdrowie, to dobry żart czy widok zachodzącego słońca powinny działać na nas jak balsam.

Dr Hamillton House, autor badań prowadzonych w Tecumseh, stwierdził, że umieralność mężczyzn, jeżdżących na pikniki i wycieczki za miasto oraz uczestniczących w imprezach kulturalnych i sportowych, jest mniejsza.

A zatem wzruszajmy się, śmiejmy się, radujmy się życiem.

Jakie czynniki zewnętrzne mogą być nam pomocne w zachowaniu dobrego zdrowia?
Oglądanie piękna przyrody i sztuki.
Słuchanie Opery.
Spacer po plaży i chwila nostalgii.
Oglądanie pięknych obrazów, fotografii, rzeźb.
Kontakt fizyczny z drugą osobą.
Wiele z tego brzmi bardzo znajomo, prawda?

Tak więc kochajmy życie!

„Śmiech jest lekarstwem, który każdy może sobie przypisać".
Reinhold Boller

*„Najbardziej straconym dla człowieka jest
dzień, w którym się nie śmiał".*
Nicolas de Chamfort

Bądź uważny w stosunku do swego ciała,
bo nie należy ono wyłącznie do ciebie.
Jeśli jesteś zdrów,
może być ono pożyteczne
również dla twoich bliźnich.

Rozdział 2
Potęga poczucia własnej wartości

Sposób postrzegania siebie i innych jest w większości zdeterminowany kulturowo i historycznie. Przekazy te mogą dodawać nam otuchy i stanowić źródło siły, ale mogą nas też ograniczać. Warto zatem poznać, co ma wpływ na ocenę nas samych oraz innych w taki, a nie w inny sposób.

Często oceniamy ludzi po wyglądzie. Wartość człowieka jest dla nas wówczas wyższa, jeśli ocena ta jest bliska naszym standardom piękna. Zaburzenia w odżywianiu są dowodem na spustoszenia, jakie sieją w człowieku zmiany w trendach mody – ćwiczenia czy głodówki, które mają zbliżyć współczesnego człowieka do obowiązującego ideału, bądź cierpienie z niemożności dokonania tego, prowadzące często wręcz do chorobliwego objadania się („zajadanie smutków").

Poczucie własnej wartości ma ogromne znaczenie dla funkcjonowania w świecie. Ludzie o wysokim poczuciu własnej wartości są bardziej żywotni i czerpią większą satysfakcję z pracy zawodowej oraz zadowolenie z życia rodzinnego – co jest podstawą ich zdrowia psychicznego i znakomitego samopoczucia.

Nasza samoocena wpływa w znacznym stopniu na nasze uczucia wobec siebie samych i otaczającego nas świata. Powinniśmy dążyć do ciągłych starań o jej podwyższanie. Ocena własnych zalet i wad musi być obiektywna i pozbawiona oczekiwania, że będziemy doskonali. Tylko wtedy nasze poczucie własnej wartości będzie odpowiednie. Musimy mieć poczucie, że sami wpływamy na swój świat i obecnych w nim ludzi – tak, jak oni wpływają na nas.

Najważniejsze dla samooceny człowieka są jej początki – podstawowe elementy samooceny kształtują się bowiem do 4 roku życia. A zatem wpływ na nią mają przede wszystkim środowisko rodzinne, w jakim przebywa dziecko, oraz postawa rodziców wobec niego. To dorośli są odpowiedzialni za rozwój samooceny u dziecka. Powinni oni więc postrzegać dziecko takim, jakie jest, a nie takim, jakie (ich zdaniem) być powinno.

Nie możemy obwiniać siebie i krytykować za rzeczy, na które nie mieliśmy wpływu.

Nasz rachunek poczucia własnej wartości można przyrównać do konta bankowego. Podejmując działania dobroczynne dla siebie i innych ludzi, nasze poczucie własnej wartości wzbogaca się o dodatkowy depozyt. Kiedy rzucamy się w wir ciężkiej pracy, zaniedbujemy swoje potrzeby, troszcząc się tylko o innych, zamiast zaopiekować się sobą, i pędzimy do przodu w szaleńczym kołowrotku życia, uciekając przed gniewem, smutkiem, samotnością – wyczerpujemy zasoby z naszego konta.

Duże znaczenie ma także nasza aktualna sytuacja życiowa. Nasze wzloty i upadki. Rozwód, choroba, śmierć, problemy finansowe – pogarszają nasze samopoczucie. Natomiast, mając świadomość, iż są to normalne stany ludzkie, nauczymy się z nimi sobie poradzić i zrozumiemy, że są tylko problemami przejściowymi.

Nie jesteśmy doskonali i musimy to zaakceptować. Za to mamy prawo do tego, co najlepsze. Powinniśmy nagradzać siebie za drobne rzeczy, które udały nam się w życiu, za nasze małe sukcesy.

Biorąc pod uwagę fakt, iż powinniśmy traktować
siebie jak najpiękniejszą świątynię,
polecam sprawianie sobie małej przyjemności raz na tydzień,
średniej raz na dwa tygodnie,
wielkiej – gdy tylko możemy sobie na to pozwolić.

Jakże często zapominamy o własnych sukcesach. Zapisujmy sobie raz na tydzień nasze osiągnięcia na kartce, w ten sposób zobaczymy, ile uczyniliśmy dobrego.

Nagradzajmy siebie nawet za drobne sukcesy. Pomyślmy, co powiedzielibyśmy naszej przyjaciółce, koledze? Zróbmy to samo dla siebie. Najprostszą metodą nagradzania jest dla mnie spacer nad morzem lub masaż. Dla innych może to być pyszne ciastko, batonik, kwiatek.

Chwalenie to także metoda bardzo znana i skuteczna. Przynosi zamierzony efekt, jeśli jest odpowiednio stosowana. Pochwalone dziecko ma większą motywację do działania. **A w każdym z nas jest przecież dziecko.**

Akceptacja ciała to dobry kontakt z własną fizycznością, a co za tym idzie, także harmonia z własnym organizmem. Jeżeli akceptujemy swoje ciało, potrafimy wsłuchać się w jego potrzeby. Doskonale wyczuwamy, kiedy jesteśmy zdrowi i sprawni, a kiedy musimy przygotować się na większą uwagę i odpocząć.

Wszyscy dbamy o idealną sylwetkę, skórę, natomiast nie nauczono nas szacunku dla ciała. Błędnie stawiamy formę ponad treścią. Nie słuchamy naszego wewnętrznego „ja". Naszych potrzeb.

> Powinniśmy nieustannie pamiętać,
> że ciało jest naszym najlepszym przyjacielem
> i dlatego powinniśmy je zaakceptować takim, jakie ono jest.
> Ze swoimi doskonałościami i mankamentami.
> Istniejemy dzięki naszemu ciału.

Zacznijmy myśleć pozytywnie. Aby tego dokonać musimy używać słów i zdań, które produkują pozytywne obrazy w umysłach naszych i naszych rozmówców.

Zamiast – Nigdy więcej! – zacznijmy mówić – Spróbuję raz jeszcze.

Zamiast – Nigdy nie będę zdrowy! – zacznijmy mówić – Będę zdrowy, zadbam o siebie.

Pozytywne formułowanie zdań wywołuje w naszym umyśle nastawienie na sukces i nadzieję na jego realizację. Nie narzekajmy, bo wówczas zaczynamy myśleć negatywnie. A każde wypowiedziane słowo jest energią. Gdy mówimy w sposób negatywny, to przyciągamy negatywne sytuacje. Gdy mówimy pozytywnie, przyciągamy pozytywne i wspaniałe wydarzenia w naszym życiu.

Pozytywne myślenie uzmysławia nam, co możemy zrobić, aby było lepiej. Postrzegajmy rzeczy nie takimi, jakie są, ale takimi, jakie one mogą być. Postrzegajmy siebie nie takimi, jakimi jesteśmy, ale takimi, jakimi możemy być. W ten sposób odkryjemy w sobie drogę, która pozwoli nam podnieść własną wartość. Naszą drogę do szczęścia...

Jeśli nauczymy się ufnie oddawać życiu
i spoglądać oczyma dziecka
na to, co nas spotyka,
możemy stawić czoła światu
bez uszczerbku dla naszej duszy.

Rozdział 3
Pozytywne myślenie

Pozytywne myślenie ma ogromne znaczenie dla naszego zdrowia nie tylko psychicznego, ale także fizycznego. Już w V wieku p.n.e. Hipokrates twierdził, że *„nic nie pomaga nam bardziej niż nasza własna, naturalna moc uzdrowicielska"*. Czy prawdą jest zatem powiedzenie, że „wiara czyni cuda"? Oczywiście!

Powinniśmy nauczyć się pozytywnego myślenia o sobie. Bez tych wszystkich wewnętrznych okrutnych i poniżających „wyzwisk". To nasz wewnętrzny krytyk podpowiada nam same złe rzeczy. Nigdy w taki sposób nie odezwalibyśmy się do przyjaciela. Dlaczego tak źle traktujemy siebie?

Nie mamy wpływu na to, co nam się przydarzyło. Możemy zająć się odbudowywaniem swojej siły i poczucia wartości, uzdrawiając swoje słabe strony. Zacząć stosować techniki relaksacji, uprawiać jakiś wybrany sport, taniec, pomagać innym. Dając siebie, przestaniemy koncentrować się na niedoskonałościach ciała.

Wejrzyjmy w głąb siebie. Potraktujmy ciało, umysł i duszę, jako całość. Kiedy źle myślimy o świecie zewnętrznym, cierpi nasze wnętrze. Nie serwujmy takich negatywnych emocji naszemu umysłowi.

Popatrzmy w lustro i zaakceptujmy nasze ciało. Pamiętajmy, że jest ono jedyne i wyjątkowe. Jest naszą ochroną od urodzenia. Zawsze mogło być gorzej – moglibyśmy mieć defekty skóry, twarzy etc. Najistotniejszą i najważniejszą sprawą jest to, że żyjemy, że mamy nasze wnętrze. Uroda przemija – zmieniamy się – pozostaje tylko nasze wewnętrzne piękno i wielkie serce.

Przygotujmy listę rzeczy, które udało nam się osiągnąć w naszym życiu, z których jesteśmy zadowoleni. Lista ta będzie długa. Przypomnijmy sobie entuzjazm, który towarzyszył nam, kiedy osiągnęliśmy jakiś mały sukces i byliśmy szczęśliwi. W sercu przechowujmy te emocje. Wracajmy do nich jak najczęściej, poczujmy, że jesteśmy tak samo szczęśliwi tu i teraz. Postarajmy się wprowadzić w nasze życie regularne powracanie do pozytywnych przeżyć – każdego dnia, choćby po kilka minut. W ten sposób nauczymy się panować nad własnymi emocjami i własnym życiem.

Szanujmy wszystkie przeżycia, które spotkały nas w życiu. Potraktujmy je, jak wielki dar, który sprawił, iż powstało w nas uczucie jedności.

Do pozytywnego myślenia potrzebne nam są endorfiny – hormony szczęścia. Wytwarzają się podczas ćwiczeń. Zatem zamiast zażywać garść tabletek, wstań, otwórz okno i ćwicz, tańcz, spaceruj, maluj, wybierz się z przyjaciółką do kawiarni. To jest Twoja dawka szczęścia, którą sam możesz sobie zaaplikować.

Endorfiny, to nasze wewnętrzne „narkotyki" szczęścia, są zdolne poprawić nastrój, złagodzić ból, wzbudzać uczucie przyjemności lub euforii. To dzięki nim przełożono ulotne emocje na biologiczne i mierzalne zjawiska. Badania prowadzone w tym zakresie zaowocowały odkryciem innych substancji, działających w obrębie mózgu (neuroprzekaźniki), co miało przełomowe znaczenie w neurologii i psychiatrii.

Kolejnym odkryciem XX wieku jest biofeedback – świadoma kontrola nad falami generowanymi przez mózg, dzięki którym możemy wpływać na regulację czynności serca lub ciśnienia tętniczego. Samą siłą woli jesteśmy w stanie zmniejszyć ból głowy, obniżyć ciśnienie. Narodowa Fundacja Nefrologiczna (NKF, National Kidney Foundation) wymienia postawę pacjenta wśród znaczących czynników na przyjęcie lub odrzucenie przeszczepu narządowego. Natomiast według Narodowego Instytutu Zapalenia Stawów, Chorób Mięśniowo-Szkieletowych i Skórnych (NIAMS) pozytywne myślenie jest czymś najlepszym, co możemy zrobić dla siebie w ramach leczenia choroby zwyrodnieniowej stawów.

Co sekundę w naszym organizmie pojawia się 6 milionów nowych krwinek i 6 milionów starych obumiera. Organizm sam się odnawia. Czy to znaczy, że możemy młodość zachować dłużej? Owszem. Przy prawidłowym odżywianiu opóźniamy procesy starzenia się organizmu o 15-20 lat, przy prawidłowym oddychaniu o 30-40 lat.

A zatem proces starzenia się jest w naszej głowie? W naszym nastawieniu? Dokładnie tak. Lenistwo i niedbałość w systematycznych ćwiczeniach fizycznych, złe odżywianie i oddychanie, brak pasji – to tylko niektóre elementy zapraszające nas do utraty młodości. Sami sterujemy tym procesem poprzez nasze nastawienie.

Myślmy pozytywnie.
Nie poddawajmy się złym myślom.
Musimy je wypierać pozytywnym nastawieniem i chęcią bycia aktywnym.

Starzenie się to zachwianie równowagi pomiędzy starymi i młodymi komórkami – starzeją się hormony oraz zaburzony zostaje kontakt między komórkami a hormonami. Mózg wpływa na komórkę przez pośrednika, jakim są hormony. Wykorzystując tylko 10% możliwości naszego mózgu, postarajmy się uaktywnić do pracy rezerwy hormonów.

Największym eliksirem młodości
są nasze pozytywne myśli, uczucia i emocje.
Najlepszym lekarstwem na choroby i starość
jest miłość.

Kochając i akceptując siebie, doprowadzamy do korygowania własnych postaw. Lubiąc siebie, akceptujemy cały świat. To pozwoli na uzyskanie równowagi, a ta z kolei pomoże nam myśleć pozytywnie. Wszystko to ma wpływ na nasze zdrowie i samopoczucie.

Psychiczne możliwości organizmu są ogromne.

Każdy człowiek pragnie szczęścia, co więcej, ma prawo być szczęśliwy. Na drodze do szczęścia stają człowiekowi różne zdarzenia, a w szczególności przebyte choroby. Przyczyny różnych schorzeń tkwią zaś nie tylko w ciele, ale przede wszystkim w ludzkiej psychice.

Należą do nich:
- infekcje,
- złe nawyki żywieniowe,
- niedostatek światła i czystego powietrza,
- nadmierne zmęczenie,
- przepracowanie i stres,
- niepokój,
- brak ruchu, ćwiczeń,
- niedobór snu,
- nieprawidłowe oddychanie,
- negatywne uczucia,
- pesymizm.

Dr Marian Pomorski podkreśla, że dużo zależy od naszych myśli. Każda myśl jest realną siłą, cząstką tworzącego się losu złego lub dobrego.

**Pamiętajmy, że tylko pozytywne myśli
mogą wyznaczać pożyteczne życiowe zdarzenia.**

Zmieńmy zatem nasz sposób myślenia na: *„Jestem kimś ważnym. Mam wszystko, czego potrzebuję".* Klucz do osiągnięcia tego, czego pragniemy, tkwi w naszym pozytywnym stosunku do siebie samego. Jedyną konkretną podstawą do oceny nas przez innych jest nasze działanie. A naszym działaniem kieruje nasze myślenie.

Jesteśmy tym, czym jesteśmy w swoim umyśle.

Prentice Mulford odniósł się do skutków niepozytywnych myśli i uczuć, pisząc:

„Zły humor i niesamodzielność to choroby. Chory duch stwarza chore ciało. Większość chorych ściele sobie duchowo przyszłe łoże boleści wśród długotrwałej, wieloletniej pracy przygotowawczej. Kto oczekuje nieszczęścia, ten jednocześnie prosi o nie i otrzyma je. Wszystko, co nas spotyka, jest skutkiem długo pielęgnowanego nastroju.

Każda duchowa ułomność, w której trwamy przez pewien czas, kieruje nas w życiu ku rzeczom, odpowiadającym tej skłonności. Myśli, które najczęściej snują się w naszej głowie, urzeczywistniają się najsilniej w organizmie. Ćwicz się w sztuce oczekiwania powodzenia. Spokojne oczekiwanie powodzenia jest w ogóle najlepszym, najpłodniejszym sposobem użycia swej myślowej siły, jaki tylko istnieje na świecie".

Kto nie ma głęboko zakorzenionego poczucia własnej wartości, jest skazany na przeciętność. Trzeba to sobie wyraźnie powiedzieć: „Aby osiągnąć sukces, trzeba czuć się ważnym". Jeśli damy odczuć innym, że coś dla nas znaczą, sami nabierzemy poczucia większej wartości własnej.

Postępując zawsze zgodnie z naszym sumieniem, uchronimy się przed kompleksem winy, który działa destruktywnie. Właściwe działanie i myślenie jest praktyczną metodą osiągania sukcesu.

Zapomnijmy o rzeczach nieprzyjemnych, przestańmy je wspominać. Wybierajmy z naszego banku pamięciowego tylko myśli pozytywne, pozwalając zniknąć innym. Nasza wiara w siebie natychmiast wzrośnie. To duży krok w kierunku pokonania lęku, wynikającego z przechowywania w sobie negatywnych zdarzeń.

To nie szczęście decyduje o naszym losie.

Zastanówmy się, co wydaje nam się szczęściem u innych, a stwierdzimy, że to nie los, lecz rozwaga, planowe działanie i pozytywne myślenie są warunkiem ich powodzenia. Jeśli nawet człowieka sukcesu spotyka porażka, wyciąga z tego wnioski i w efekcie na tym zyskuje.

A zatem nie oddawajmy się mrzonkom i nie trwońmy energii na myśl o sukcesie. Nie osiągamy go dzięki szczęściu.

Musimy kierować się zasadami prowadzącymi do sukcesu i zgodnie z nimi postępować. Nie liczmy na szczęście, lecz koncentrujmy się na tym, by rozwijać w sobie cechy, które zagwarantują nam zwycięstwo.

Pamiętajmy, że **każdy jest kowalem własnego losu.**

„Całe życie jest niewolą.
Należy więc pogodzić się z losem,
jak najmniej ubolewać nad nim
i chwytać każdą korzyść, jaka z nim się łączy.
Żadne położenie nie jest aż tak straszne,
by człowiek obdarzony równowagą ducha
nie znalazł w nim jakiejś pociechy".

Seneka Młodszy

Wypracujmy w sobie pozytywny stosunek do naszego wieku. Myślmy, że nigdy nie jesteśmy „za starzy", lecz dostatecznie młodzi, aby móc wykonać dane zadanie. Rozbudzajmy w sobie młodzieńczy entuzjazm. Czujmy się młodo.

W przyszłości zajmujmy się tym, co najbardziej lubimy. Za późno na coś jest dopiero wówczas, kiedy myślimy, że jest za późno. Powtarzajmy sobie: *„Wezmę się do tego teraz. Mam przecież najlepsze lata swego życia przed sobą."*

Stare powiedzenie głosi:
*„Było mi żal samego siebie,
że mam dziurawe buty,
dopóki nie spotkałem człowieka bez nóg".*

Zamiast narzekać, że źle się czujemy, bądźmy zadowoleni, że jesteśmy jeszcze w miarę zdrowi. Już samo zadowolenie ze swego stanu zdrowia będzie silnym środkiem uodparniającym przeciwko nowym bólom, dolegliwościom i prawdziwym chorobom. Cały czas pamiętajmy, że jesteśmy lepsi, niż nam się wydaje. Jesteśmy zdrowsi niż sądzimy.

Bądźmy szczęśliwi, że nasze zdrowie jest takie, jakie jest. Pamiętajmy, że lepiej się zużywać niż rdzewieć.

Życie jest po to, by się nim cieszyć.

Nie marnujmy go! Nie traćmy życia.

Wykreślę z mego słownika takie słowa,
jak „byłbym",
„miałbym",
„powinienem",
„musiałbym",
„zrobiłbym".
Wskazują one na to,
że nie żyję teraźniejszością,
lecz w świecie iluzji,
nie widząc,
co jest prawdziwe.

Rozdział 4

Naucz się przebaczać

Przebaczenie jest prawdziwym wyzwaniem, zwłaszcza gdy myślimy o nim w odniesieniu do osoby, na którą jesteśmy źli. W faktyczny sposób uwalnia nas od niszczącego działania, jakie gniew i wrogość wywierają na naszą psychikę oraz samopoczucie. Nasze emocje należą wyłącznie do nas i nie wpływają na osobę, która nas skrzywdziła.

Najważniejsze, abyśmy otworzyli swoje serce i uwolnili umysł od złości i nienawiści. Pozbywanie się uczucia winy i wybaczanie sobie jest częścią emocjonalnego rozwoju. Nie bójmy się prosić o wybaczenie.

Musimy nauczyć się także wybaczyć sobie, jeśli to my kogoś skrzywdzimy. To może być równie trudne, jak wybaczenie drugiemu człowiekowi.

Miłość, którą obdarzamy siebie i innych ludzi, można zmierzyć zdolnością do zapominania zła, które uczynili nam inni. Wybaczenia błędów, które sami popełniliśmy.

Jeśli zrozumiemy, że uczucia gniewu, żalu i zdrady należą tylko do nas, zauważymy ogromne emocjonalne korzyści, płynące z pogody ducha i zapewnienia sobie spokoju, które mają swoje źródło w przebaczeniu.

Twoje wewnętrzne piękno

Czy przyglądaliście się kiedyś osobie, która jest pełna życia, wesoła, dynamiczna, która promieniuje energią i światłem, charyzmą i pewnością siebie? Czy zauważyliście, że wcale nie jest piękna? Jednak uroda tej osoby jest bardzo przyciągająca, bo wypływa z niej samej.

Prawdziwe piękno pochodzi bowiem z naszego wnętrza i przyciąga innych jak magnes.

Jeśli jesteśmy związani z naszą duszą, wiemy, co ją wzbogaca i umacnia. Każda komórka naszego ciała doświadcza spokoju, płynącego z tego połączenia i promieniuje zdrowiem.

Spokojny i szczęśliwy człowiek jest bardziej atrakcyjny dla swojego partnera. Mając poczucie własnej wartości, w dużym stopniu akceptujemy siebie. To jest bardzo pociągające dla naszych partnerów.

Kultywowanie wewnętrznego piękna wymaga praktyki i dyscypliny. Spędzajmy trochę czasu sami ze sobą, wsłuchując się w nasze wewnętrzne potrzeby. Osoby, które medytują i ćwiczą, sprawiają wrażenie wiecznie młodych. Płoną blaskiem młodości i witalności.

Jest wiele sposobów tworzenia wewnętrznego piękna. Chwila ciszy, nucenie ulubionej melodii lub modlitwa mogą połączyć nas z naszą duszą. Dyscyplina polega na tym, by każdego dnia znaleźć chwilę czasu na wyciszenie umysłu. Kultywacja związku pomiędzy ciałem, umysłem i duszą pozwoli nam osiągnąć spokój i radość, płynącą z naszego wnętrza.

Powiadasz,
że jesteś szczęśliwy w związku.
Dlaczego więc tak rzadko dziękujesz tej drugiej osobie
za to, że dzieli z tobą i radość, i ból
i że w ogóle wybrała ciebie spośród tylu ludzi?

Rozdział 5

Dojrzewajmy z klasą

Starzenie się z wdziękiem jest możliwe, kiedy podstawą naszego życia jest dbałość o zdrowie fizyczne – właściwe odżywianie, częste picie wody, regularne ćwiczenia fizyczne, czas na odpoczynek.

Przesłanie jest proste: **gdy jesteśmy zdrowi, dobrze się czujemy i ładnie wyglądamy.**

Kolejny element, który zapewnia dobre samopoczucie, to związek pomiędzy ciałem i duszą. Odnajdźmy w naszym życiu spokój i ciszę. Nawet kiedy jesteśmy bardzo aktywni, dbajmy o czas spędzony w samotności. Dla każdego będzie to inna droga pielęgnowania swojej duszy - poprzez modlitwę, medytację, jogę, chodzenie do kościoła, sztukę, uprawianie ogrodu.

Zachowajmy energię, optymizm i chęć przygód.

Gdy przybywa nam lat, nasz metabolizm zmienia się, biodra nabierają kształtów. Zaakceptujmy to, ciesząc się ze zmian, i zauważmy piękno we wszystkich etapach naszego życia. W każdym wieku jesteśmy inni, lecz zawsze piękni! Dzięki zmianom nie nudzimy się naszym wyglądem.

Prawdziwe jest powiedzenie: **"Masz tyle lat, na ile się czujesz".**

Każdy dojrzały człowiek chce cieszyć się życiem, chce odnaleźć swoją drogę do szczęścia. Pytanie - Jak ją odnaleźć? Oto kilka ważnych rad:

Bądź odważnym samokrytykiem. Uświadamiaj sobie swoje błędy i słabości, staraj się je eliminować. W ten sposób staniesz się perfekcjonistą.

Analizuj każdą porażkę. Nie zrzucaj winy na los. Poszukaj przyczyny. Tłumacząc wszystko pechem, nie osiągniesz tego, co chcesz.

Wyciągnij wnioski z porażki. Przeanalizuj zaistniałą sytuację. Poszukaj drogi, która doprowadzi Ciebie do sukcesu.

Trzymaj się wytyczonego celu. Łącz wytrwałość z radością eksperymentowania. Szukaj nowych dróg realizacji swojego celu.

Pamiętaj, że każda sytuacja ma swoje dobre strony. Dostrzegaj je i uwierz w siebie.

Każdego ranka wstawaj z uśmiechem na twarzy, myśląc: „Dzisiaj jest nowy dzień". Zacznij żyć w poczuciu szczęścia, spełniania swoich marzeń, a będziesz szczęśliwym człowiekiem.

Poczuj pozytywną energię we wszystkim, co robisz. Odczujesz radość życia i lepsze samopoczucie.

Pamiętaj, zawsze jest jakieś wyjście!

Uleczmy się z okaleczonych instynktów. Nie mamy wpływu na to, kto powołuje nas na świat, a także na to, jak nas wychowano. Nie możemy zmusić tradycji, obyczajowości, ani kultury, żeby w jednej chwili zaczęły nam sprzyjać. Ale jest dobra wiadomość: nawet okaleczeni przez życie, możemy je odzyskać. Możemy się nim cieszyć.

Jedną z najważniejszych rzeczy, jakie możemy zrobić, jest pojmowanie życia, całego życia, jako żywego organizmu, który oddycha, wymienia komórki, zrzuca skórę, zużywa się, wydala szkodliwe substancje.

Niemądrze byłoby oczekiwać, że ciało będzie się pozbywało odpadów raz na pięć lat. To, że jedliśmy wczoraj nie oznacza, że dziś nie będziemy głodni. Podobnie błędne byłoby przekonanie, że skoro raz rozwiązaliśmy jakiś problem, pozostanie on rozwiązany na zawsze. Jeżeli raz się czegoś nauczymy, to będziemy świadomi na zawsze. Otóż nie.

Życie przypomina wielki organizm, który w różnym tempie miejscami wzrasta, miejscami zanika. Jeśli dbamy o nasz rozwój duchowy, oddychamy i wypoczywamy, to jesteśmy bardzo energiczni. Bylibyśmy o wiele silniejsi i spokojniejsi, zdając sobie sprawę z tego, że nie możemy przestać funkcjonować w swej aktywności.

**Żeby utrzymać wewnętrzną radość,
czasem trzeba o nią zawalczyć,
wzmocnić się.**

Techniki oddziaływania umysłem

Techniki oddziaływania umysłem na ciało przynosiły efekty w leczeniu fibromialgii i innych zespołów bólowych, zaburzeń snu, przewlekłych zapaleń jelit, celiaklii, trzustki, a nawet choroby Alzheimera i nowotworów złośliwych.

Pozytywnego myślenia możemy nauczyć się sami. Tak długo, aż wejdzie nam w codzienny nawyk. Aby wyjść z naszych negatywnych emocji postarajmy się sprawić komuś dobry uczynek. Pomóżmy przyjacielowi w rozwikłaniu jego problemów, zróbmy zakupy sąsiadce. To otwiera nasze serca na potrzeby innych i poprawia nasze samopoczucie.

Skupmy się bardziej na naszych sukcesach, aniżeli porażkach. To uspokaja umysł i ciało. W ten sposób praktykujmy nasz pozytywny wewnętrzny dialog – chwalmy siebie. Cieszmy się tym, co dobre w naszym życiu, nie dręczmy się tym, co złe. Odcięcie się od stresujących bodźców uspokoi procesy fizjologiczne. Znajdźmy czas w ciągu dnia na kontemplację pozytywnego obrazu wewnętrznego. Zamknijmy oczy i wyobraźmy sobie okalające nasze ciało ciepłe promienia słońca, gwiaździste niebo, bukiet pięknych kwiatów, radosne wspomnienie z naszego dzieciństwa.

Prowadzenie dzienniczka „Mój Pozytywny Dzień", daje możliwość podsumowania, co pozytywnego nas spotkało. Już po tygodniu okaże się, że kartki są zapełnione. Czytanie takich zapisków, to budowanie potęgi własnej osobowości.

Skupiajmy się na tym, co pozytywnego dzieje się tu i teraz. Nie rozpatrujmy naszego życia w kategoriach niebezpieczeństw, czyhających na nas w przyszłości. Przyjmijmy do wiadomości, że przekonania mają wpływ na zdrowie i zdrowienie. To pozytywne myślenie zwiększa ogólny dobrostan. Nasze odczuwanie i myśli wyzwalają reakcje biochemiczne – żaden narząd ludzkiego organizmu nie funkcjonuje w oderwaniu od myśli. To nasze przekonania stwarzają warunki do zachowania zdrowia.

Jeżeli zaczniemy myśleć, że jesteśmy zdrowi, szczęśliwi, to tak zaczniemy się czuć.

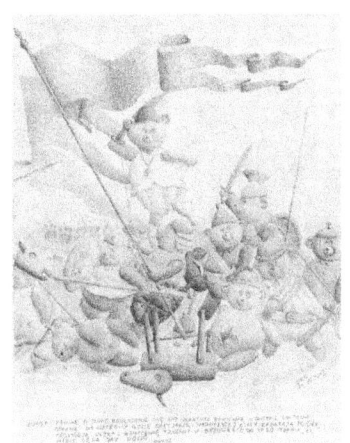

Jeśli skupisz się na swym oddechu,
stwierdzisz,
że robisz się spokojny.

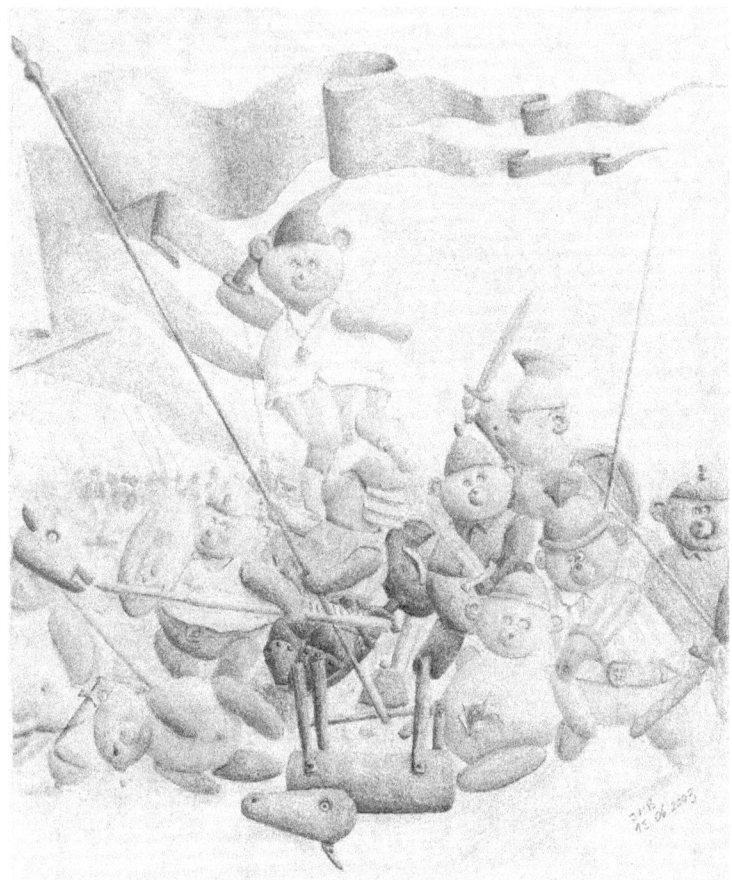

Rozdział 6
Uzdrawiająca moc uczucia

Uczucia kierują naszym życiem w stopniu większym, niż nam się wydaje. Najczęściej dopiero wtedy uświadamiamy sobie ich siłę, gdy wywołują chorobę lub przygnębienie. Każdy przecież wie, że stres może doprowadzić do zawału mięśnia sercowego.

**Uczucia mogą uzdrowić i uszczęśliwić.
Nauczmy się wykorzystywać ich siłę!**

Siła psychiki to właściwe wykorzystywanie potencjału swoich myśli i uczuć dla własnego dobra. Zdrowie można odzyskać i zachować dzięki uczuciom. Wiele schorzeń można przezwyciężyć siłą swej psychiki. Nauczenie się ćwiczeń, wzmagających psychikę, nic nie kosztuje. Wymaga dobrej woli i cierpliwości. Za pomocą siły swej psychiki można na przykład szybko się odprężyć. Trening psychiczny może zapewnić zarówno spokojny dzień, jak i szybkie zaśnięcie. Jest pomocny przed ważnym spotkaniem, gdyż likwiduje lęki, a także po sprzeczce, ponieważ pomaga osiągnąć spokój.

Ścisła współzależność między myślami, uczuciami i nastawieniem do życia z jednej strony, a ciałem i działaniami z drugiej, wyraźnie dowodzi, iż zdrowie fizyczne związane jest z psychiką. Wszystkie układy organizmu ludzkiego pozostają w silnej wzajemnej zależności. Często można na nie wpłynąć tylko jedną pozytywną myślą. Na każdy układ narządów, można w mniejszym lub większym stopniu oddziaływać metodami psychicznymi. Dzięki temu życie może być pełne szczęścia i satysfakcjonujące.

Większość chorób, to sygnał naszego organizmu, który musimy umieć zrozumieć. To wołanie o pomoc, kiedy organizm mówi nam: Zmień coś, a poczujesz się lepiej! Wesprzyj mnie, a będę sprawniej funkcjonować!

Kiedy uświadomimy sobie, że wizyta u lekarza pomaga nam jedynie w samoleczeniu, zrozumiemy, że największy udział w procesie uzdrowienia ma nasza psychika. Wizyta u lekarza nie powinna zastępować odpowiedzialności własnej, ale ją dopełniać. Lekarz może pomóc tylko wtedy, kiedy pacjent chce pomóc sam sobie.

Na całe nasze życie wpływają uczucia pozytywne i negatywne. Tylko umiejętne obchodzenie się z nimi może mieć odpowiedni wpływ. Ogromną rolę odgrywają myśli i emocje. Dotychczas uczucia uważano za domenę filozofów, a nie nauki. Co więcej, w początkowym okresie rozwoju ludzkości uczucia były jedynie środkiem wzajemnej komunikacji. Można nawet przyjąć, że uzewnętrznianie emocji jest starsze niż mowa.

Tymczasem Darwin dokonał pierwszej analizy ewolucji zachowań emocjonalnych, która miała stać się podstawą późniejszych badań. Dopiero w 1982 roku udało się dowieść, że określone stany emocjonalne są uniwersalne i występują we wszystkich kulturach. Te uczucia, jak radość, strach, wstręt, złość, zaskoczenie, smutek – nazwano emocjami podstawowymi – gdyż są uwarunkowane genetycznie.

We współczesnym świecie, w naszej kulturze i cywilizacji kierowanie się uczuciami coraz bardziej traci na znaczeniu. Zastanówmy się, dlaczego? I jak mogło dojść do tego, że niewłaściwe traktowanie uczuć może dziś wywołać chorobę?

Nasi przodkowie uzewnętrzniali uczucia, porozumiewając się ze sobą. O wiele bardziej ważny jednak, niż uzewnętrznianie uczuć, jest ich wpływ na nasz organizm. To za pomocą uczuć również sami ze sobą nawiązujemy kontakt. Od naszych uczuć zależy szereg procesów, które dzieją się w naszym organizmie. Od nich może zależeć nawet nasze życie.

Odnoś się do innych z miłością

Jeśli chcesz znaleźć klucz do serdeczności i ciepła w rozmowie z bliskimi, musisz odnaleźć i uszanować swoją miłość.

Jeśli masz dobry kontakt ze swoim sercem, to czujesz się związany z innymi ludźmi i masz dostęp do swojej mądrości. Możesz zbadać każde uczucie, które wypływa z tego miejsca, cichego, spokojnego, pełnego współczucia i zrozumienia. To w tym miejscu zbierają się wszystkie emocje. Jeśli nie mamy kontaktu ze swoim sercem, rozmowa o najprostszych, najbardziej błahych sprawach, staje się problematyczna i stresująca.

Zwracajmy uwagę na nasze uczucia.

„Miłość mi wszystko wyjaśniła, miłość wszystko rozwiązała
- dlatego uwielbiam tę miłość, gdziekolwiek by przebywała..."
— Jan Paweł II

„Człowiek jest odpowiedzialny nie tylko za uczucia,
które ma dla innych, ale i za te, które w innych budzi".
Stefan Wyszyński

„Myśli i uczucia zupełnie nagie są bezbronne
jak nadzy ludzie. Trzeba je więc w coś ubrać".
Paul Valery

Nie zapominaj o relaksie i medytacji

Podstawą medytacji jest umiejętność rozluźnienia się, jednak wielu ludziom przychodzi to z trudnością. Dzisiaj jesteśmy bardziej zestresowani niż kiedykolwiek, a większość napięć związanych z pracą, rodziną i finansami odbija się na naszym organizmie i na spokoju naszego umysłu.

Istnieją setki różnych form medytacji. Większość z nas kojarzy medytację z siedzeniem z nogami skrzyżowanymi na podłodze. Prawda jest jednak taka, że medytować można siedząc na krześle, stojąc czy chodząc. Wystarczy, że skupiamy się na jakiejś czynności do tego stopnia, że wszystko inne przestaje istnieć. Jesteśmy w pełni świadomi tego, co robimy. Jesteśmy tym, co robimy. Wtedy medytujemy. Tak więc większość z nas doświadczyła stanu medytacji, nie wiedząc, że tego doświadcza.

Tym, co łączy różne formy medytacji, jest to, że każda z nich ma pewien obiekt, na którym medytujący się skupia. Obiektem medytacji może być na przykład bardzo wolny chód. Chodzenie przeradza się w medytację wówczas, gdy skupiamy się całym sobą na każdym naszym kroku. Na doświadczeniu dotknięcia stopy z ziemią i tym, jak stopa odrywa się od ziemi, by postawić następny krok.

Gdy skupiamy się na obiekcie naszej medytacji, umysł odrywa się od gonitwy myśli, które nam towarzyszą cały dzień. Nasze ciało wchodzi w stan odprężenia, relaksacji. Dzięki temu uwalniamy się od chronicznych stanów napięcia pewnych partii mięśni i organów wewnętrznych, których nie jesteśmy nawet świadomi. To może być powodem, dla którego medytacja ma tak zbawienny wpływ na nasze zdrowie. Gdy jesteśmy spięci, zdenerwowani i chcemy się odprężyć, trudno jest to zrobić, mówiąc sobie : „muszę się uspokoić, muszę się wyciszyć".

Podczas medytacji skupiamy się na czymś bardzo prozaicznym, na przykład na naszym oddechu albo na ciężarze naszych ramion i dłoni opartych o nasze kolana. Gdy skupiamy się oddech za oddechem na tym jednym obiekcie medytacji, umysł uspokaja się. Relaksujemy się. Stajemy się zdrowsi, bardziej radośni, odnajdujemy w sobie radość życia. Przy mocno napiętym rozkładzie dnia należy pomyśleć o lepszym gospodarowaniu czasem. Przynosi to dodatkowe korzyści - żyjemy pod mniejszą presją i mamy więcej czasu na odpoczynek. Dzięki temu jesteśmy bardziej zrelaksowani, a zatem łatwiej możemy skupić się na medytacji.

Pamiętajmy! Relaks to podstawa naszego zdrowia: pomaga pokonać stres i zapewnia organizmowi czas na odzyskanie energii. Należy koniecznie relaksować się zarówno przed, jak i w trakcie, a także i po zakończeniu medytacji, aby wprowadzić się w stan alfa i w nim pozostać. Środkami prowadzącymi do odprężenia mogą być: gorąca kąpiel, spokojna muzyka, masaż, zajęcia technik relaksacyjnych czy jogi.

Uważne chodzenie

Jest to przykładowa technika medytacyjna, która poprawia koncentrację i zwiększa świadomość. Jest przy tym przyjemna i relaksująca. Gdy idziesz na przykład do pracy lub spacerujesz, odwiedź swój umysł od myśli o przeszłości lub przyszłości. Skup się na oddychaniu, idź wyprostowany z głową trzymaną na jednej linii z kręgosłupem.

Całą uwagę skieruj na chodzenie. Idź świadomie, skupiając się na każdym kroku. Zauważ, jak twój ciężar przenosi się z jednej stopy na drugą, jak poruszają się ramiona i nogi, jak odczuwasz powiew wiatru na twarzy.

Następnie ogarnij świadomością wszystko dookoła. Gdzie jesteś? Kto lub co jest w tym miejscu razem z tobą? Wsłuchaj się w dźwięki, odczuj zapachy, zauważ kolory, ruch – jak odbierasz te doznania? Spróbuj zgromadzić w sobie tyle odczuć, ile tylko zdołasz objąć świadomością.

Bądźmy refleksyjni

Osoba refleksyjna otwiera się na swój wewnętrzny świat, zaczyna rozumieć siebie. Świadomość, że nasz własny mózg posiada klucz do naszego zdrowia psychicznego i dobrego samopoczucia, jest ekscytująca i daje nam nadzwyczajną siłę i wolność.

Refleksyjne myślenie jest również świadectwem pokory. Dzięki temu nasz związek odniesie korzyść z naszej zdolności do rezygnacji z własnego ja.

Pamiętajmy więc o znalezieniu czasu w ciągu dnia na refleksyjne myślenie.

„Przyszłość zaczyna się dzisiaj, nie jutro".
Jan Paweł II

„Nie ma drogi do pokoju. To pokój jest drogą".
Mahatma Gandhi

„Esencją cywilizacji nie jest mnożenie pragnień, ale ich rozumne i dobrowolne wyrzekanie się".
Mahatma Gandhi

„Są różne rośliny... Król podchodzi do sosny i pyta:
- Dlaczego usychasz?
- Dlatego, że nie mam takiego pięknego
kwiatu, jak róża - odrzekła sosna.
- A ty różo, dlaczego jesteś smutna?
- Dlatego, że nie mam takiego owocu, jak grapefruit.
Król dostrzegł roślinę o pomarańczowym kwiatostanie
i zapytał, dlaczego nie jest smutna.
- Nie jestem smutna, bo jeżeli chciałbyś czegoś innego, to nie
posadziłbyś mnie.
Chciałeś mnie, więc jestem".

Każdy z nas jest potrzebny takim, jakim jest. Ma świecić swoją gwiazdą oryginalności. Doceń więc siebie takim, jakim jesteś.

*„Kiedy w twoim ogrodzie sałata nie chce rosnąć,
nie obwiniasz sałaty, lecz szukasz przyczyn:
czy potrzeba nawozu, wody, czy może więcej cienia?
Kiedy natomiast przeżywamy kłopoty z przyjaciółmi bądź z rodziną,
obwiniamy te osoby,
zamiast przyjrzeć się, jak należy o nie zadbać,
by rosły pięknie, jak sałata.
Obwinianie nie odnosi żadnych pozytywnych skutków,
podobnie jak perswazja posługująca się racjonalnymi argumentami.
Takie są przynajmniej moje doświadczenia.
Nie trzeba obwiniać, perswadować ani toczyć sporów
- wystarczy zrozumieć.
Kiedy rozumiesz i okazujesz swoje zrozumienie,
to znaczy, że potrafisz kochać.
W tym momencie sytuacja ulega gwałtownej zmianie".*

Postarajmy się zrozumieć postępowanie naszego partnera, przecież on jest naszym lustrem. Partnerstwo, to wzajemne zrozumienie swoich potrzeb.

„Gdyby przeszłość jakiegoś człowieka była twoją przeszłością,
jego ból twoim bólem,
a jego poziom świadomości twoim poziomem świadomości,
to prawdopodobnie myślałbyś i działał podobnie jak on.
Dzięki tej świadomości pojawia się
wybaczenie, współczucie i pokój".

Eckhart Tolle, *Mowa ciszy. Twoje codzienne wsparcie*

Ten cytat pomaga przejść od złości na partnera i przekonania, że nie działa w sposób, jakiego oczekujemy, do spokoju, a nawet uświadomienia sobie, że inaczej nie byłby sobą - osobą, którą kochamy.

Okażmy empatię partnerowi nawet wówczas, gdy nasze potrzeby nie były przez jakieś jego działania zaspokojone.

*„Jak być może zauważyłeś,
nie po to jesteś w związku, by dał ci szczęście lub spełnienie.
Jeśli nadal będziesz próbował dążyć do
zbawienia poprzez związek osobisty,
spotka cię cała seria rozczarowań.
Lecz jeśli pogodzisz się z tym,
że dzięki związkowi masz zyskać świadomość, a nie szczęście,
rzeczywiście da ci on zbawienie (...)".*

Eckhart Tolle, *Potęga teraźniejszości*

Szczęście mamy budować w sobie. Partner wzmacia w nas świadomość, że możemy być szczęśliwi w każdych okolicznościach.

„Miłość i zrozumienie to nie są dwie różne rzeczy.
Miłość i zrozumienie - to jest jedna rzecz.(...)
Kiedy kogoś zrozumiesz, możesz go już tylko pokochać.
Nie możesz się dalej złościć. (...)
Jeśli chcemy kogoś kochać, musimy go naprawdę rozumieć.
Gdy nasza miłość jest tylko chęcią posiadania,
nie jest prawdziwa miłością.
Jeśli myślimy tylko o sobie,
jesteśmy świadomi tylko własnych potrzeb,
a nic nie wiemy o potrzebach drugiej osoby,
to znaczy, że nie potrafimy kochać.
Musimy dokonać głębokiego wglądu, który pozwoli nam rozumieć
potrzeby, aspiracje i cierpienia osoby, którą kochamy".

Thich Nhat Hanh, *Każdy krok niesie pokój*

Postarajmy się od dzisiaj bardziej dbać o potrzeby naszych Partnerów. Zadajmy Jemu lub Jej pytanie wprost: „Co mam zrobić, abyś był/a bardziej szczęśliwy/a?" Wówczas sami będziemy szczęśliwsi...

*„Związek to dwoje ludzi,
którzy nawzajem zgadzają się ze swoimi opowieściami.
Jeżeli zgadzam się z tobą, kochasz mnie.
A w chwili, kiedy się z tobą nie zgadzam,
w chwili, gdy poddaję w wątpliwość jedno
z twoich świętych przekonań,
w myślach się ze mną rozwodzisz.
Następnie zaczynasz szukać wszelkich argumentów,
aby udowodnić, że masz rację,
i skupiasz się na tym, co jest poza tobą.
(...) Partner to twoje lustro (...),
kiedy więc dostrzegasz u niego jakiekolwiek niedoskonałości,
to możesz być pewien, że są to twoje niedoskonałości.
(...) Nie ma innego sposobu, by autentycznie połączyć się z partnerem,
jak tylko uwolnić się od przekonania,
że potrzebujesz od niego czegoś, czego ci nie daje.
(...) Stanowisz jedność ze swoim mężem, dopóki nie uwierzysz,
że powinien wyglądać w określony sposób,
że powinien ci coś dać,
że powinien być czymś innym niż jest".*

Byron Katie, *Stephen Mitchell, Radość każdego dnia*

Spędzenie tylko jednego dnia
w całkowitym spokoju
jest równoznaczne z byciem przez jeden dzień
nieśmiertelnym.

Rozdział 7
Rewitalizacja

Najstarsze teksty medyczne, pochodzące z Mezopotamii, dowodzą, że dobrostan człowieka był nierozerwalnie związany z harmonią, porami roku i naturalnymi cyklami życiowymi. Odłączenie od sił przyrody prowadziło do choroby, a zdrowienie polegało na odzyskiwaniu utraconej łączności.

Sposób odżywiania się ma olbrzymie znaczenie dla zdrowia i szybkości starzenia. Wpływa na obraz naszej starości. Dlatego pierwszą potrzebą w dziedzinie rewitalizacji i profilaktyki geriatrycznej jest ustalenie zasad prawidłowej diety.

Dieta prawdziwie lecznicza powinna być stosowana z pełną świadomością, jako znaczący czynnik, zmierzający do gruntowego przestrojenia organizmu, ożywienia i pobudzenia jego własnych sił obronnych.

Heiser stwierdził, że *„Człowiek zdolny do ścisłego dotrzymania przepisanej mu diety jest zdolny już chyba do wszystkiego".*

Jedzenie spełnia w naszym życiu trzy główne funkcje:
1. odżywczą,
2. przyjemnościowo-bodźcową,
3. towarzyską.

Tam, gdzie jest nadmiar jedzenia, na plan pierwszy wysuwa się funkcja przyjemnościowa – je się dla przyjemności, a nie dla odżywiania.

Ogólnie, sztukę kulinarną uważa się za czynnik pozytywny. Potrawy powinny być przyrządzone smacznie i atrakcyjnie, aby pobudzić apetyt. I tu nasuwa się pytanie: w jakim celu skłaniać do jedzenia organizm, który wcale się tego nie domaga? W przypadku prawdziwego głodu żadna sztuka kulinarna nie jest potrzebna. Najprostsze i najbardziej naturalne potrawy smakują wówczas znakomicie. Natomiast, jeśli choroba tłumi głód i apetyt, to znaczy, że organizm jest przesiąknięty toksynami.

Czy można być smakoszem i odżywiać się prawidłowo? Nie można. Jedno wyklucza drugie. Smakosz to człowiek przyzwyczajony do wyrafinowanych bodźców, gardzący prostym, naturalnym pożywieniem. A potrawy wyrafinowane uzyskuje się przez stosowanie szeregu zabiegów kulinarnych, które niszczą naturalną wartość pożywienia, pozbawiając je biokatalizatorów.

Ogromną rolę odgrywają przy tym różnorodne substancje wyciągowe i produkty przypiekania, które drażniąc zmysł węchu i smaku, wzmagają apetyt. Jednocześnie działają pobudzająco na korę mózgową, podobnie jak kofeina. Powstają one przy smażeniu, pieczeniu.

Wybitny szwajcarski dietetyk, Bircher-Benner, przyrównał dobre samopoczucie po zjedzeniu mięsa do dobrego samopoczucia pijaka po spożyciu alkoholu. Dlatego należy ograniczyć spożywanie potraw mięsnych w okresach wzmożonej pobudliwości nerwowej, czyli w okresie menopauzy czy zespołu napięcia przedmiesiączkowego.

Co ciekawe, jarosze mają większą wytrzymałość przy wysiłkach długodystansowych i długotrwałych, dla przykładu w czasie marszów z obciążeniami.

Mięso jest pokarmem toksycznym i zatruwa organizm.

Już w XIX wieku wspomniany wcześniej uczony, Bircher-Benner, otworzył w Zurichu sanatorium leczenia za pomocą diety surówkowo-jarskiej, której był twórcą. Uważał, że energia odżywcza jest energią światła słonecznego, chwytaną i magazynowaną przez rośliny w procesach fotosyntezy. Polecał surowe produkty roślinne, owoce, warzywa, liście, nasiona, uważając je za akumulatory energii słonecznej jako najcenniejsze produkty spożywcze.

Dla zachowania zdrowia powinniśmy, według Bircher-Bennera, przyjmować w stanie surowym co najmniej 50% dziennego pożywienia.

Warto także wspomnieć, że już 100 lat temu Ilja Iljicz Miecznikow, laureat Pokojowej Nagrody Nobla, zwrócił uwagę na fakt, że przyczyną naszego przedwczesnego starzenia się jest gnicie jelitowe, wzmagane poprzez spożywanie mięsa, a co za tym idzie zwiększanie ilości toksycznych produktów, które przechodzą do krwi i wydalane są wraz z naszym potem i oddechem.

Dlatego też dieta rewitalizująca dojrzały organizm, zmierzająca do ogólnego uzdrowienia ustroju, powinna spełniać dwa podstawowe postulaty:
1. Nie może obarczać żadnym szkodliwym nadmiarem - nie chodzi tylko o nadmiar kalorii czy otyłość, lecz zakwaszenie, przewlekłe zatrucie produktami gnicia jelitowego
2. Musi dostarczać wszystkich potrzebnych do życia czynników - nie chodzi tylko o ilość i właściwe proporcje składników żywnościowych, lecz o ich wartość biologiczną i zdrowotną, która pogarsza się w związku z obróbką kulinarną.

Ponadto, jeśli ma to być dieta uzdrawiająca, musi ona odpowiadać indywidualnym potrzebom ustroju. Inna będzie dla osoby przekarmionej, a inna dla osoby wyniszczonej.

Dobroczynne kwasy tłuszczowe

Niemal każdego dnia pojawiają się nowe doniesienia o cudownej mocy nienasyconych kwasów tłuszczowych. Wśród nich królują kwasy omega 3:
- regulują krzepliwość krwi,
- zapobiegają miażdżycy,
- pomagają zachować właściwą elastyczność ścięgien i mięśni.

Wspomagają one leczenie chorób serca, skóry, stawów. Mają znaczenie profilaktyczne przy chorobach nowotworowych, chorobie Alzheimera i Leśniowskiego-Crohna. Przeciwdziałają udarom mózgu, otyłości, cukrzycy. Umożliwiają prawidłowe wchłanianie dobroczynnego wapnia, poprawiają wygląd cery, paznokci oraz włosów. Ponieważ wspomagają odporność, pomagają unikać wielu infekcji. Z nimi starość jest przyjemniejsza i naprawdę późna.

Najłatwiej je pozyskać z ryb i innych owoców morza, zatem zalecenie, by jeść ryby przynajmniej trzy razy w tygodniu, to recepta na długowieczność. Oczywiście te przyjazne tłuszcze są też w tofu, migdałach, orzechach włoskich oraz w niektórych olejach, np. Inianym czy rzepakowym, ale sięganie po ryby to najprostsza ścieżka zdrowia.

Zatem ze starzeniem się wciąż najlepiej rozprawiać się za pomocą:
aktywności fizycznej,
dobrej diety,
zmuszania mózgu do wysiłku
i znakomitego humoru.

Jeśli chcę nauczyć się
bezwarunkowo akceptować innych ludzi,
muszę najpierw nauczyć się
akceptować samego siebie.

Rozdział 8
Dietetyka w służbie rewitalizacji
Mechanizm starzenia się i możliwości przeciwdziałania

Starzenie się organizmu powoduje utratę równowagi wewnętrznej organizmu, co zwiększa ryzyko wystąpienia chorób. Prowadzi do upośledzenia funkcjonowania komórek, tkanek, narządów i układów, zwiększa podatność na choroby. Nauka zajmująca się starzeniem to gerontologia.

Wpływ środowiska może znacznie zmienić długość życia większości organizmów. Usunięcie negatywnych czynników z otoczenia oraz zmiany w fizjologii mogą znacznie wydłużyć oczekiwany wiek.

Definicja prawdziwego zdrowia jest prosta – dobre samopoczucie przy pełnej sprawności całego ustroju, wszystkich jego narządów i tkanek. Przez pełną sprawność rozumieć należy nie tylko brak wszelkich defektów, uszkodzeń, ale i najwyższą wydolność wszystkich narządów. Wydolność wzrasta przez wytrenowanie. Musi to być odpowiedni ogólny trening fizyczny połączony z higienicznym trybem życia i prawidłowym odżywianiem. Chodzi o wzrost ogólnej sprawności i wydolności ustroju we wszystkich jego funkcjach. To zapewnia niezwykłą wytrzymałość i odporność przeciwbakteryjną i przeciwnowotworową.

Główne metody rewitalizacji, a zarazem profilaktyki, to:
- dietoterapia,
- kinezyterapia (gimnastyka),
- ergoterapia (leczenie pracą, zajęcia terapeutyczne),
- psychoterapia,
- farmakoterapia.

Ruch to zdrowie

To stare porzekadło jest w pełni prawdziwe i zawsze aktualne. Musimy bowiem pamiętać, że istotą procesów życiowych jest energia, której nie można stworzyć, ani zniszczyć, a która ma zdolność przechodzenia z jednego rodzaju w drugi.

Aktywność fizyczna ma ogromne znaczenie dla prawidłowego funkcjonowania organizmu, a w wieku starszym ma działanie rewitalizacyjne. Komórki organizmu powinny otrzymywać bodźce nerwowe, pobudzające je do działania. Brak tych bodźców powoduje zwyrodnienia oraz obumieranie części komórek. Aktywność fizyczna wpływa zaś na rozszerzenie tętnic, czyli lepsze ukrwienie i odżywianie tkanek. Ma to także wpływ na aktywizację narządów wewnętrznych. Ćwiczenia fizyczne wzmacniają również mięsień sercowy.

Najważniejsza jest codzienna dawka ruchu, która stymuluje bardziej ekonomiczną pracę serca.

**Ruch może nam zastąpić lekarstwo,
ale żadne lekarstwo nie zastąpi ruchu.**

PAMIĘTAJMY! RUCH = ŻYCIE

Siła tkwi w naturze

Ciało jest jak ziemia... Ma swój krajobraz, którego uroda jest wrażliwa na zabudowywanie, kopanie i odzieranie z naturalnych sił. Ludzie, żyjący w zgodzie z naturą, nie ulegają łatwo planom przebudowy. Dla nich najważniejszą kwestią nie jest kształtowanie formy, ale odczuwanie.

Nie ma jednego przepisu na piękne ciało. Nie jest ważny kształt ani wiek. Ważne, czy nasze ciało czuje i funkcjonuje zgodnie z przeznaczeniem i czy jesteśmy zdolni do reagowania i doznawania całego bogactwa odczuć.

Natura chce, by ciało czuło, by miało kontakt z przyjemnością, sercem, duszą, dzikością. Czy umie się cieszyć, odczuwać szczęście? Czy umie po swojemu poruszać się, tańczyć, kołysać? Nic więcej nie ma znaczenia.

Zamiast skupiać się na dbaniu o powierzchowność, powinniśmy poświęcić swoją uwagę głębszej i subtelniejszej więzi z postacią, która została nam dana przez naturę. Lęki związane z wyglądem pozbawiają nas udziału w twórczym życiu, nie dopuszczają do samorealizacji.

„Moje doznania mają naturę religijną w tym sensie,
iż jestem świadomy,
że umysł ludzki jest zbyt ograniczony,
by głębiej wniknąć w harmonię Wszechświata,
którą nazywamy - prawami natury".

Albert Einstein

Skutki działań leczniczych

Wśród działań leczniczych, zmierzających do rewitalizacji, czyli cofnięcia się wieku biologicznego z odmłodzeniem jego wskaźników, wyróżnia się kilka mechanizmów:

1. Cofnięcie się zmian miażdżycowych, rozszerzenie światła tętnic, polepszenie ukrwienia najważniejszych dla życia narządów.

2. Mobilizację i usunięcie złogów, zwłaszcza nieczystego białka, zalegającego w starzejących się komórkach.

3. Niszczenie i usuwanie starych, zwyrodniałych komórek, z jednoczesnym pobudzeniem regeneracji, zwiększeniem indeksu mitotycznego (określa względny czas trwania poszczególnych faz cyklu komórkowego w badanej tkance), wzmożonym tworzeniem młodych, sprawnych komórek.

4. Pobudzenie systemu nerwowego – zwiększenie jego troficznego wpływu i polepszenie funkcji komórek.

5. Przeciwdziałanie reakcjom wolnych rodników przez podawanie odpowiednich inhibitorów.

6. Dostarczenie elementów, które mogą być wyzyskane dla wyrównania braków, niedoborów czy uszkodzeń (hormony, witaminy, kwasy nukleinowe).

7. Derepresję genów, które w procesie starzenia się ulegają zablokowaniu.

Metody samoleczenia

Proces samoleczenia zaczyna się w naszej głowie. To potęga naszej świadomości. Powinniśmy nauczyć się rozluźniać mięśnie całego ciała oraz wprowadzić do podświadomości program uzdrawiający.

Musimy wyobrazić sobie chore miejsce i skoncentrować na nim swoją uwagę. Poczuć współczucie, otoczyć je miłością. Jednocześnie pamiętając, aby nasze myśli były stanowcze, gdyż każdy organ ma swój charakter. Połóżmy jedną dłoń na chore miejsce, pobierając pozytywną energię z zewnątrz, drugą zaś przesyłajmy ją w chore miejsce. To zasada neutralizacji dobrego ze złym. Przy tym należy się całkowicie wyciszyć. W ten sposób relaksuje się psychika i układ neurologiczny.

Potrzebne nam są następujące leki – wiara, iż mamy dużo sił do walki z chorobą, nadzieja na pełne wyzdrowienie, a także miłość do własnego ciała. Taka dawka pozytywnej energii wzmocni nasze ciało i duszę.

W samoleczeniu wykorzystuje się energię życiową, zasilaną przez trzy źródła: powietrze, ziemię i słońce. Każdy z nas ma zdolność wchłaniania i wykorzystywania tej energii. Jest to nieświadomy proces. Energię powietrza otrzymujemy przez oddychanie, ziemi przez chodzenie, a słońca przez wystawianie się na światło słoneczne. Dzięki temu utrzymujemy ciało i duszę w równowadze oraz harmonii. Uzdrawiamy pole energetyczne naszego ciała, absorbując energię życia i rozprowadzając ją po całym organizmie. Gdy zaczynamy leczyć duszę, poprawiamy stan fizyczny naszego organizmu.

**Pamiętajmy, aby osiągnąć szczęście i zdrowie,
nasza dusza musi korelować z ciałem.**

Czynniki szkodliwe dla zdrowia

Szkodliwości cywilizacyjne, działające na nas w codziennym życiu, można podzielić na następujące grupy:

- nieprawidłowości odżywiania,

- niedobór ruchu,

- szkodliwości związane z ubraniem,

- nadmierne i nieprawidłowe bodźce, działające na narządy zmysłów,

- skażenie środowiska,

- szkodliwe nałogi,

- stres.

Hormon młodości

Hormon młodości, dehydroepiandrosteron, zwany w skrócie DHEA, to substancja wytwarzana przez nadnercza. Wraz z jej ubytkiem skóra staje się bardziej cienka, mięśnie słabsze, a tkanka łączna (stanowiąca główną podporę organizmu i ochronę mechaniczną niemal wszystkich narządów) bardziej wiotka. Zmienia się także nastawienie do życia: człowiekowi coraz trudniej radzić sobie ze stresem, codziennymi wyzwaniami. Spada apetyt na życie. Oczywiście na to zjawisko wpływa wiele czynników, ale rola DHEA jest już dziś niezaprzeczalna.

Dowiedziono, że w pewnym stopniu od nas samych zależy, jak długo i w jakim stężeniu ten hormon wytworzą nadnercza. Jego poziom zależy głównie od **aktywności fizycznej**. Zapewne dlatego tak gwałtownie starzeją się niektóre osoby po przejściu na emeryturę, jeśli nie mają pomysłu, co zrobić ze swoim życiem po zakończeniu pracy.

Nie ma szansy na długowieczność ten, kto ze wszystkich sportów najchętniej uprawia zmianę kanałów w telewizji za pomocą pilota.

Ruch na świeżym powietrzu to okazja, by dotlenić organizm, usprawnić wiele procesów metabolicznych. Aktywny równa się dłużej młody, pogodny. Mitem jest przeświadczenie, że długowieczni to ci, którzy dłużej są starzy. Zazwyczaj wśród stulatków trudno znaleźć takich, którzy już po czterdziestce czy pięćdziesiątce zwalniali obroty.

Bądź aktywny, a zachowasz młodość na dłużej!

Kinezyterapia

To leczenie ruchem, gimnastyka lecznicza lub ćwiczenia usprawniające.

Stosowanie metod kinezyterapii umożliwia uzyskanie maksymalnej poprawy utraconej funkcji, ułatwia wystąpienie procesów kompensacji, zabezpiecza przed wykształceniem nieprawidłowych stereotypów ruchowych lub przywraca już utracone, przeciwdziała wtórnym zmianom w układzie kostno-mięśniowym w postaci ograniczeń ruchu, zapobiega powikłaniom w układzie krążenia i oddychania, które mogą wynikać z długotrwałego unieruchomienia.

Kinezyterapia najczęściej stosowana jest w schorzeniach i dysfunkcjach narządu ruchu, w zespołach bólowych kręgosłupa, po udarach mózgu, po zawale serca, w niektórych chorobach układu oddechowego, w chorobach reumatoidalnych, po zabiegach operacyjnych w jamie brzusznej.

Kinezyterapia może być stosowana jako podstawowa i jedyna forma leczenia (np. w zachowawczym leczeniu wad postawy) lub jeżeli choroba wymaga leczenia operacyjnego, może być prowadzona zarówno w okresie przedoperacyjnym, jak i po zabiegu. W większości, nawet drobnych urazów narządu ruchu, w których kinezyterapia nie jest podstawową formą leczenia, powinno się ją zastosować po zakończeniu leczenia podstawowego lub równolegle z nim.

Kinezyterapię często łączy się z innymi formami leczenia, w tym metodami fizjoterapii, w celu zwiększenia efektu terapeutycznego.

Gimnastyka

Regularne ćwiczenia fizyczne poprawiają trawienie, zwiększają przemianę materii, pomagają w usuwaniu szkodliwych produktów przemiany materii, utrzymują mięśnie w sprężystości.

Każdy z nas odnosi korzyści z gimnastyki – musi ona być regularnie wykonywana każdego dnia – ważna jest systematyczność.

Wskazane jest gimnastykować się, dostosowując czas i zakres ćwiczeń do połowy własnych możliwości, np. jeżeli męczymy się po 40 minutowym marszu, powinniśmy biegać nie dłużej niż 20 minut.

Często nasz entuzjazm z ćwiczeń kończy się po kilku dniach. Aby do tego nie doszło, zaprośmy do wspólnych ćwiczeń naszego współmałżonka, koleżankę, kolegę, sąsiada. Wówczas gimnastyka stanie się dla nas nawykiem.

Wykonujmy krótkie ćwiczenia w ciągu całego dnia. Zaś po spożyciu posiłku, niedługi spacer ułatwi nam trawienie.

Szybki marsz pomaga uniknąć zawału serca, wylewu krwi do mózgu – aż w 40%. Regularny ruch zmniejsza poziom cholesterolu, utrzymuje ciśnienie krwi w normie, pomaga utrzymać właściwą wagę, obniża poziom cukru.

Ruch jest źródłem zdrowia i życia.

Prawidłowe oddychanie

Oddychanie to pokarm dla naszego organizmu.

Przy prawidłowym oddychaniu zatrzymujemy procesy starzenia się ciała. Udowodniono naukowo, że przy prawidłowym oddechu możemy przedłużyć nasze życie o 30-40 lat. Przykładem na to są Chińczycy, u których procent zapadających na nowotwory w podeszłym wieku jest bardzo mały. Swoją dobrą kondycję zawdzięczają kilkugodzinnym ćwiczeniom oddechowym.

Im człowiek starszy, tym więcej jego komórek przestaje brać udział w procesie oddychania. To doprowadza do chorób układu oddechowego, nadciśnienia, cukrzycy, układu krwionośnego, zaburzeń żołądkowo-jelitowych.

Właściwe oddychanie pozwala nam pobierać ogromne zapasy naturalnej energii życiowej. Oddychanie przez nos zapewnia prawidłowe procesy życiowe. U dorosłych oddychanie ustami prowadzi do wczesnego starzenia się organizmu, chorób serca, miażdżycy, astmy. Ważne jest też, abyśmy nie rozmawiali podczas posiłków. Procesy oddychania i trawienia są ze sobą powiązane.

W oddychaniu wdech powinien być dwa razy krótszy niż wydech. Świadome wstrzymanie oddechu zwiększa harmonijne rozprowadzenie energii po całym ciele, poprawia pracę gruczołów wydzielania dokrewnego, wzmaga rytm serca, sprzyja lepszemu nasyceniu krwi tlenem, a więc przyspiesza procesy utleniania.

Dlatego też, gdy zaczniecie Państwo zajmować się ćwiczeniami oddechowymi, nie zdziwcie się, że Wasz ciężar ciała zacznie spadać. Proszę się postarać chociaż przez 10-15 minut codziennie oddychać sposobem pełnego oddychania. Te minuty ćwiczeń przedłużą o lata Wasze życie.

Podaruj sobie
wystarczająco dużo czasu na przeżywanie natury,
odczuj jej uzdrawiające działanie
i zauważ orzeźwiające piękno.
Bez przeżywania natury
twoje ciało,
a potem twój umysł
popadną w chorobę.

Rozdział 9
Zdrowe odżywianie

Jesteś tym, co jesz. Wszystko, co jemy, odbija się na naszym zdrowiu, samopoczuciu, a nawet szczęściu. Już Hipokrates mawiał: **"Niech wasza żywność będzie waszym lekiem"**.

Planując przepisy zdrowego żywienia, należy uwzględnić zasadę, według której podstawą zdrowego żywienia powinny być pokarmy roślinne w stanie naturalnym, tzn. jak najmniej przetworzonym. Natomiast bogate w białko pokarmy pochodzenia zwierzęcego, takie, jak: mleko zsiadłe, kefir, jogurt, twaróg, ryby, mogą być jedynie dodatkiem do diety.

W Europie dietę makrobiotyczną rozpowszechnił po II wojnie światowej japoński filozof, George Ohsawa (1893-1966). Oparł ją na filozofii mnichów Dalekiego Wschodu i opisał w ponad 300 książkach. Promował także spokojny styl życia, otaczanie się naturalnymi produktami, jak len, bawełna i drewno. Dzięki makrobiotyce wyleczył się z gruźlicy i zachował dobrą formę na długie lata.

Makrobiotyka znaczy wielkie życie (makro – wielki, bios – życie). Kładzie nacisk na lokalnie i ekologicznie uprawiane zboża, warzywa i owoce, i nie przywiązuje wagi do naukowych zasad dietetyki, tradycyjnej piramidy żywieniowej, uważając ją za nienaturalną i niewłaściwą. Mleka, nabiału i „zwykłego" mięsa zwolennicy makrobiotyki praktycznie nie spożywają.

Dieta makrobiotyczna

Najważniejsze w diecie makrobiotycznej są pełne zboża, które powinny stanowić ponad połowę codziennego menu (brązowy ryż, grubo zmielona pszenica, jęczmień, płatki owsiane, proso, żyto, kukurydza, gryka).

Jeden posiłek powinien opierać się na świeżych, ugotowanych warzywach, koniecznie z dodatkiem strączkowych (fasolka, bób, ciecierzyca, soczewica, soja, fasola, groch). Zalecane są warzywa sezonowe w okresie ich dojrzewania. W przypadku zupy warzywnej można jej pić maksymalnie dwie filiżanki dziennie. Dwa-trzy razy w tygodniu spożywać należy algi i ryby o białym mięsie (takie jak dorsz, flądra, halibut, okoń morski, sola).

Dania makrobiotyczne przygotowywać można na wiele sposobów: gotować na parze, w wodzie, szybkowarze, piec w piekarniku, smażyć w nierafinowanych olejach roślinnych (im krótsza obróbka termiczna, tym lepiej). W zimie jeść należy aż trzy posiłki gorące. O tej porze roku korzystne dla zdrowia będą: miso (pasta z soi i sfermentowanego jęczmienia lub ryżu), sos shoyu z domieszką sfermentowanej pszenicy, oliwa i ryba sola.

Napoje warto przyrządzać na bazie wody źródlanej, ale pić trzeba mało, tylko tyle, by zaspokoić pragnienie. Zaleca się kawę zbożową i herbaty ziołowe. Należy unikać mocnej, czarnej herbaty i kawy, napojów gazowanych i mocnych alkoholi. Zamiast po ciastka i inne słodycze, sięgać po owoce, pestki i orzechy.

W diecie makrobiotycznej jedzenie uzależnione jest od pory roku.

Na wiosnę zaleca się:
- pokarmy, które zwiększają moc energii (w nas),
- dzikie krzaki, kiełki, lekko sfermentowane jedzenie, gatunki ziarna, świeżą zieleń,
- styl lekkiego gotowania: na parze, krótko, w małej ilości wody itd.

W lecie najlepiej nastawić się na:
- pokarmy z mniejszą dawką mocnej energii (bardziej styl-yin (chłodzenie) żywienia),
- dużo zielonego, słodką kukurydzę, owoce, dynię,
- lekkie gotowanie: na parze, obgotowywanie itd.

Jesienią należy spożywać:
- jedzenie wzmacniające energetycznie,
- korzenne warzywa, dynię (zimową), fasolę, zboża itd.

W zimie z kolei najlepsze są:
- gorące, energetyzujące pokarmy,
- okrągłe warzywa, marynaty, warzywa korzeniowe itd.,
- zwiększona ilość miso, oliwy i soli.

„Ten, kto chce naprawdę zasłużyć na pełne uznanie w sztuce leczenia, powinien przede wszystkim uwzględnić cechy szczególnych pór roku nie tylko dlatego, że są one różne, lecz także dlatego, że każda z nich może wywołać bardzo różne następstwa. Od zjawisk atmosferycznych zależy bardzo wiele, dlatego, że stan organizmu zmienia się zgodnie ze zmianami pór roku".

- Hipokrates

Oczyszczanie organizmu

Stan naszych organów wewnętrznych określa nasz wygląd zewnętrzny.

Zdrowie naszego organizmu zależy od pracy i kondycji jelit, ponieważ są one miejscem absorpcji substancji odżywczych z miazgi pokarmowej, ale też niestety składników toksycznych. U osoby dorosłej w jelicie grubym znajduje się od 8 do 15 kg kamieni kałowych, które człowiek nosi przez całe życie. Po 40 roku życia jelito jest zapchane kamieniami i wypiera inne organy, co utrudnia pracę wątrobie, nerkom i płucom. Niestrawione pokarmy, zalegające w jelicie grubym, dostarczają do ciała toksyny, substancje rakotwórcze, produkty gnilne – rozchodzą się one po całym organizmie, osiadają w stawach i na ściankach naczyń krwionośnych. U ludzi, których układ pokarmowy i wydalniczy funkcjonują nieprawidłowo, dochodzi do stałego zatrucia komórek, prowadzącego do zmian chorobowych typowych dla procesu starzenia się.

Dr J.H. Tilden, znany z 68-letniej (!) praktyki lekarskiej, przeciwnik leczenia samozatruć lekami pisze tak: *„W trakcie przemiany materii dochodzi do wytwarzania się nowych komórek, jak i rozkładu starych. Produkty uboczne rozłożonej tkanki są toksyczne i w normalnych okolicznościach wydalane z organizmu z taką samą szybkością, z jaką powstają. Jeśli z jakiegoś powodu poziom energii organicznej jest zaburzony – np. przez fizyczne lub psychiczne obciążenia lub złe nawyki – dochodzi do ogólnoorganicznego osłabienia. Wydalanie zostaje ograniczone i toksyczne związki pozostają we krwi. Gromadzenie się toksycznych związków trwa, póki przez usunięcie przyczyn osłabienia nie przywróci się normalnej szybkości i sprawności wydalania. Tak zwana „choroba" jest naturalną próbą wydalenia toksycznych związków z krwi."*

Niewłaściwą dietą sami stwarzamy wspaniałe środowisko dla nadmiernych procesów gnilnych i fermentacyjnych, których produkty uboczne w postaci toksyn zatruwają stopniowo wszystkie organy naszego ciała. Idąc dalej, można zaryzykować (i nie będzie to duże ryzyko) twierdzenie, że **„kiedy jelita są czyste – nasze ciało jest zdrowe".**

Istnieje kilka szkół oczyszczania. Do jednego z nich należą różnego rodzaju posty. Wśród ich zwolenników istnieje wiele szkół. Od postów bardzo drakońskich (dających chyba najszybsze, najbardziej widoczne efekty), polegających na całkowitym wyrzeczeniu się pokarmów stałych na rzecz wody i ziół, poprzez posty płynnego odżywiania, oparte na sokach warzywnych, do postów łagodnych, opartych na oczyszczających sokach owocowych. Zalecane są również różne czasy trwania postów, zależnie od kondycji poszczącego, pory roku (krótsze w zimie, dłuższe w lecie) i fazy księżyca (najlepiej wpleść w okres postu noc z pełnią księżyca).

W manuskrypcie „Świętej Ewangelii Jezusa Chrystusa według Św. Jana" uzdrawiacz zwraca się do chorych:

„(...) poproście Matkę-Ziemię o pomoc,
trzech sprzymierzeńców: Anioła-Wodę, Anioła-
Powietrze, Anioła-Światło.
Jako pierwszy przyjdzie z pomocą Anioł-Woda.
Znajdźcie dużą dynię z wydrążoną łodygą o wzroście człowieka,
oczyśćcie ją wewnątrz, napełnijcie wodą z rzeki ogrzanej słońcem.
Powieście dynię na drzewie,
a chylcie głowę nisko do ziemi.
Módlcie się do Matki-Ziemi, żeby wybawiła Was „od grzechów",
które popełniliście z obżarstwa.
Kiedy woda, opłukawszy jelita, z Was wyjdzie,
zobaczycie na własne oczy,
poczujecie własnym nosem,
będziecie mogli dotknąć własnymi palcami,
jakie ohydne brudy nosiliście w sobie.
Jak może być wasze ciało zdrowym, a rozum nieotumanionym?
I tak postępujcie cały tydzień,
powstrzymując się przed sytym jadłem.
Dopiero wtedy poznacie,
jakie to szczęście żyć w czystym ciele".

Zbilansowanie diety

Warto jest zadbać o prawidłową dietę, ponieważ procesy zatruwania organizmu mogą być spowodowane również przez wysokogatunkową, zdrową żywność przy nieprawidłowym jej zestawieniu.

NIE WOLNO łączyć pokarmów energetycznych z budulcowymi. Natomiast jedne i drugie można, ba, nawet trzeba łączyć z pokarmami osłonowymi.

W uproszczeniu można powiedzieć, że pokarmy energetyczne to wszystko, co słodkie: słodkie i kwaśne owoce, naturalne słodziki (miód, melasa, syrop klonowy), skrobia warzywna (ziemniaki, groch, fasola, soczewica), skrobia zbożowa (pszenica, jęczmień, żyto, ryż, kukurydza).

Pokarmy budulcowe to przede wszystkim białko: orzechów (włoskie, laskowe, pistacjowe, nerkowca, migdały), roślin strączkowych (soja, tofu), zbóż (kiełki zbożowe), mleka (mleko, ser żółty i biały, jogurty, kefiry), mięsa (wieprzowina, wołowina, baranina, wędliny), ryb (wszystkie ryby, wszystkie jaja, ikra).

Pokarmy osłonowe zaś to warzywa nieskrobiowe: marchew, burak, brukselka, kapusta, kalafior, cykoria, sałata, brokuły, szpinak, cebula, czosnek, papryka, ogórek, fasolka szparagowa, rzodkiew itp.; tłuszcze roślinne – oliwa z oliwek, oleje: rzepakowy, lniany, słonecznikowy, sezamowy.

Trzy zasady prawidłowego odżywiania

1. Nie łączyć węglowodanów z białkami.

Węglowodany:	Warzywa:	Białka:
Chleb, bułka, ryż, kasze, ziemniaki i „to co z mąki" Trawią się od 1 do 3 h.	blanszowane trawią się ok. 2 h, surowe do 4 h	mięso, ryby, soja, soczewica, fasola, groch, orzechy, sery migdały, jajka, owoce morza, kwaśne mleko. Trawią się od 5 do 7 h.

Węglowodany spożywamy jako pierwsze w posiłku, warzywa jako drugie, a białka jako trzecie. Jeśli nie mamy na białka ochoty, to jemy je dopiero jak zgłodniejemy za 1,5-2 godziny. Musimy pamiętać, aby w jednym posiłku nie mieszać ze sobą dwóch białek lub więcej.

2. Nie pić w trakcie posiłków.
Pijemy 30 minut przed posiłkiem. W trakcie posiłku i do 2 godzin po posiłku nie pijemy, dzieci do 1,5 godziny. Pijemy: głóg, hibiskus, różę, wiśnię, borówkę, aronię, jarzębinę, malinę, czarny bez, owoce leśne, poziomkę. Do 2-3 litrowego dzbanka pojedynczo wrzucamy po jednej w/w herbatce owocowej w saszetkach i zalewamy wrzątkiem po odparowaniu go. Pamiętajmy, że woda do gotowania musi być zawsze świeża.

3. Nie łączyć owoców z innymi pokarmami.
Owoce jemy na czczo (co nie oznacza rano), większość blanszowanych (jabłko, gruszka, śliwki) z dodatkiem 1/3 łyżeczki imbiru, 1 łyżeczki cynamonu, szczypty kardamonu, 3-4 goździków, kilku śliwek kalifornijskich suszonych, po blanszowaniu polewamy olejem: lnianym, z pestek winogron, z pestek dyni, z ostu, oliwą z oliwek, ok. 2 łyżek, co dzień innym.

Przykładowa dieta

Śniadanie: pieczywo Vasa żytnie, odrobina masła, liść sałaty, garść pietruszki (natka), następnego dnia natka selera, pomidor lub przecier pomidorowy ze słoiczka. Za tym dopiero jajko, na pół miękko (bez soli), z odrobiną sosu chilli lub pieprzu cayenne. Lub ser biały, łosoś wędzony, makrela wędzona, tuńczyk z puszki (bez oleju!!!).

II śniadanie: 1-2 kiwi lub kiszona kapusta (bez oleju), 3-4 migdały codziennie.

Obiad: na patelnię nalewamy 1,5 do 2cm wody i dodajemy: 3 cebule pokrojone lub por, brokuły lub kalafior czy białą kapustę, paprykę lub pomidor, korzeń pietruszki lub startego selera. Do tego dodajemy łososia lub pstrąga w dzwonkach lub pierś z kury czy indyka. Parujemy pod przykryciem od 20 do 30 min. Wyłączamy gaz i dodajemy: zioła prowansalskie, oregano, estragon, curry, annato, kurkumę.

Podwieczorek: grejpfrut z gorzkimi błonkami wewnątrz owocu (!!!), cztery orzechy brazylijskie codziennie.

Kolacja: Do garnka nalewamy 2-3 cm zimnej wody i dodajemy 2-3 garści płatków owsianych na zmianę z jęczmiennymi, przyprawy jak w owocach i rodzynki lub śliwki czy gruszki suszone. Mieszamy zawartość od początku postawienia na ogniu i gotujemy 5 minut. Gdy przestygnie, spożywamy. Nie dodajemy tłuszczu ani cukru.

Zasady, które pozwolą wyeliminować błędy żywieniowe

1. Nie spożywaj pożywienia tłustego i kwaśnego jednocześnie.
2. Nigdy nie jedz owoców na deser.
3. Staraj się nie łączyć w jednym posiłku mięsa i nabiału.
4. Staraj się nie łączyć mięsa z ziemniakami, kaszą, ryżem.
5. Nie popijaj posiłków.
6. Po ciepłym posiłku nigdy nie pij zimnych płynów, a szczególnie po tłustych.
7. Nie objadaj się – staraj się wstawać od stołu trochę wcześniej niż zwykle – nie oznacza to, że trzeba się głodzić.
8. Staraj się spożywać warzywa gotowane, surowe dokładnie przeżuwaj.
9. Nie podjadaj między posiłkami.
10. Nie łącz owoców z mlekiem.
11. Herbatę pij pół godziny przed posiłkiem lub po posiłku.
12. Odmawiaj zjedzenia posiłku, który Ci nie służy.
13. Staraj się jeść jak najwięcej ciepłych posiłków – przede wszystkim śniadanie.
14. Staraj się nie spożywać owoców południowych, szczególnie zimą.
15. Nie bój się tłuszczu – jeżeli nie masz takich zaleceń lekarskich - tłuszcz jest konieczny do dostarczenia odpowiedniej ilości energii Twojemu organizmowi.
16. Nigdy nie spożywaj tłuszczu z węglowodanami – np. ziemniakami, makaronem, pierogami.
17. Jedz, kiedy odczuwasz głód.
18. Nie ustalaj diety na stałe, zmieniaj ją, żaden sposób nie jest pozbawiony wad.

Zalecenia dietetyczne dla osób z szybkim wytwarzaniem energii

Profil przemiany mineralnej osób z szybkim wytwarzaniem energii wskazuje na szybkie wchłanianie i wykorzystywanie składników odżywczych. Przyspieszenie przemiany metabolicznej może powodować trudności z utrzymaniem odpowiednio wysokiego stanu energetycznego. Osoby takie często jedzą lub podjadają.

Długotrwała dominacja szybkiego wytwarzania energii może wykazywać:
- podwyższoną temperaturę ciała,
- nadpobudliwość,
- wysokie ciśnienie,
- nadmierne pocenie się,
- przyrost wagi ciała w rejonie pasa i ramion.

Należy pamiętać o utrzymaniu odpowiedniego zapotrzebowania na składniki odżywcze.
Szybka przemiana metaboliczna może prowadzić do ujawnienia się wszystkich stanów stresu, tj.: stanu alarmowego, stanu odpornościowego, stanu wyczerpania.

Dziesięć ważnych faktów z dziedziny żywienia

1. Dieta bogata w tłuszcze (nasycone) i sól zwiększa ryzyko choroby wieńcowej serca.

2. Szacuje się, że średnio jednej trzeciej przypadków raka można zapobiec przez zmiany w diecie. Dieta o dużej zawartości błonnika i pełnego ziarna oraz małej zawartości tłuszczu obniża ryzyko wielu rodzajów raka, w tym raka okrężnicy, piersi i żołądka.

3. Dieta bogata w tłuszcze, cukier i sól prowadzi do przyboru masy ciała i w końcu otyłości. Nadwaga nie tylko zwiększa ryzyko chorób serca, cukrzycy, raka, ale ponadto może być przyczyną przewlekłego zmęczenia, niskiego poczucia własnej wartości oraz słabej wydolności fizycznej i umysłowej.

4. Niezdrowa dieta zwiększa ryzyko depresji i zmiennych nastrojów. Uważa się również, że potęguje objawy zespołu napięcia przedmiesiączkowego, lęki i ataki nadmiernego apetytu.

5. Dieta o dużej zawartości dodatków żywnościowych, konserwantów i rafinowanego cukru może być przyczyną problemów z koncentracją, nadpobudliwości i agresji. Dzieje się tak dlatego, że w pokarmach bogatych w cukier i dodatki jest zbyt niska zawartość chromu, usuwanego w procesie rafinacji. Chrom jest niezbędny do kontrolowania poziomu glukozy we krwi, toteż przy jego niedoborze mogą wyniknąć powyższe problemy.

6. Dieta o zbyt niskiej zawartości wapnia (jednego z podstawowych składników odżywczych, niezbędnego do budowy kośćca) zwiększa ryzyko osteoporozy – choroby związanej z osłabieniem i łamliwością kości.

7. Dieta o zbyt niskiej zawartości składników odżywczych ogromnie obciąża wątrobę. Organ ten jest niezbędny do prawidłowego trawienia i wchłaniania niezbędnych do życia witamin i minerałów. Optymalne zdrowie wymaga doskonałego stanu wątroby. Tymczasem jeśli spożywamy duże ilości tłuszczów nasyconych i alkoholu, wątroba nie potrafi sobie z nimi poradzić, co może prowadzić do jej marskości (zagrażającej życiu choroby, polegającej na obumieraniu komórek wątroby) oraz chorób nerek.

8. Nadmierne spożywanie cukru może spowodować zbyt wysoki poziom glukozy (formy cukru krążącej w naszym krwiobiegu) we krwi, prowadzący do cukrzycy. Objawami tej choroby są: nadmierne pragnienie, częste oddawanie moczu, problemy ze wzrokiem, zmęczenie i nawracające infekcje.

9. Uboga dieta osłabia nasz układ odpornościowy, co sprawia, że jesteśmy bardziej podatni na przeziębienia, grypę i inne choroby. Jeśli nasz układ odpornościowy ma prawidłowo funkcjonować i chronić nas przed chorobami, musimy zapewnić organizmowi stały i zrównoważony dopływ niezbędnych witamin i minerałów.

10. Pamiętaj – jedz z umiarem!

Opracowane na podstawie książki:
Gillian McKeith, *Jesteś tym, co jesz*

Kilka rad, jak jeść?

1. Pij rano ciepłą wodę.
Wypita na czczo płynie prosto do przewodu pokarmowego i wypłukuje śluz pozostały z poprzedniego dnia. Warto też wypić szklankę ciepłej wody wieczorem.

2. Zwilżaj, a nie zalewaj.
Żołądek należy nawilżać, a nie zalewać. Kiedy pijesz w trakcie jedzenia, rozcieńczasz enzymy trawienne, toteż pokarm nie zostaje należycie strawiony. Dlatego należy pić, najlepiej wodę, na 30 minut przed posiłkiem lub 30 minut po nim.

3. Gryź dokładnie.
Należy dokładnie gryźć pożywienie. Delektujmy się każdym kęsem. Poczujmy konsystencję i smak jedzenia. Proces trawienia rozpoczyna się już w ustach, kiedy podczas gryzienia ślina wymiesza się z pokarmem. Dobrze pogryzione jedzenie z łatwością przejdzie przez układ trawienny, a twój organizm maksymalnie wykorzysta zawarte w nim składniki pokarmowe.

4. Jedz, kiedy jesteś spokojny.
Nasz organizm nie potrafi dobrze strawić pokarmu, kiedy się martwimy lub denerwujemy. Jedzmy, kiedy się uspokoimy, a wówczas trawienie będzie o wiele sprawniejsze.

5. Nie za gorące i nie za zimne.
Temperatura potraw i napojów, które wprowadzasz do organizmu, ma wpływ na stan śledziony, czyli naszego akumulatora energii, a także innych narządów. Lodowato zimne napoje osłabiają narządy. Jedzenie parzących potraw wcale nie jest lepsze, gdyż uszkadzają one błony śluzowe w ustach i wyściółkę żołądka oraz zmniejszają czułość kubków smakowych. Najlepiej jeść potrawy i pić napoje letnie lub o temperaturze pokojowej.

6. Dekoruj swój talerz.
Kiedy poczujemy zapach jedzenia, ujrzymy je lub choćby pomyślimy o nim, nasz mózg rusza do pracy i wysyła informację do ślinianek, żeby wydzielały ślinę, która zawiera enzymy trawienne. Zatem przygotowujmy sobie ładnie udekorowane, pyszne posiłki, żeby poprawić trawienie.

7. Słuchaj swojego organizmu.
Zwracajmy uwagę, na jakie produkty mamy apetyt. Jeśli naprawdę mamy na coś ochotę, ponieważ wabi nas kolor, zapach czy wygląd – dajmy się porwać pragnieniu. Być może nasz organizm potrzebuje składników odżywczych zawartych właśnie w tym produkcie. Nie mamy na myśli ciastek i ciasteczek. Chodzi raczej o zioła, owoce, warzywa, przyprawy i inne tego rodzaju artykuły dostępne w każdym sklepie. Przechodźmy między stoiskami z owocami i warzywami z otwartym umysłem i duszą. Co ładnie wygląda? Co jest miłe w dotyku? Co ładnie pachnie? Które wyglądają zdrowo i świeżo? Dopiero kiedy wszystkiemu się przyjrzymy, dokonajmy wyboru.

8. Jedz śniadania.
Zawsze zjadajmy na śniadanie coś zdrowego i konkretnego. Jest to pora, kiedy poziom energii żołądka jest największy, a nasze enzymy trawienne tylko czekają, żeby zacząć się wydzielać. Jeśli nie jemy śniadań, stopniowo osłabiamy nasz żołądek i funkcje trawienne. Możemy jeść mało, ale zjedzmy coś pożywnego, na przykład świeży owoc, owsiankę lub kleik.

9. Nie przejadaj się na noc.
Zjedz ostatni posiłek na dwie godziny przed pójściem spać. Jedząc zbyt późno, powodujemy stres i nadmierne obciążenie organizmu. Kiedy idziemy spać z pełnym żołądkiem, posiłek nie zostaje należycie strawiony.

10. Masuj nerki.
Nerki są najważniejszym organem, decydującym o naszej ogólnej witalności. Pod koniec każdego dnia zróbmy sobie masaż nerek. Przed położeniem się do łóżka połóżmy dłonie w okolicy nerek – na plecach poniżej pasa, lecz powyżej pośladków. Wyobraźmy sobie ciepłe białe światło, płynące przez nasze ciało do dłoni. Dłonie zaczynają się rozgrzewać, a my przesyłamy ciepło i światło do nerek. Potem wymasujmy tę okolicę.

11. Kładź się wcześniej spać.
Im wcześniej się położymy, tym lepiej będziemy się czuć. Jeśli nie kładziemy się przed jedenastą wieczorem, zakłócamy naturalny proces oczyszczania, a następnego dnia jesteśmy apatyczni.

12. Po prostu bądź.
Zarezerwujmy sobie każdego ranka pięć minut spokoju, żeby „po prostu być", zatrzymać się i wyciszyć, zanim wpadniemy w wir kolejnego dnia. Nie myślmy – nic nie róbmy – po prostu bądźmy. Możemy zamknąć oczy i skupić się na swoim wnętrzu. Ta chwila pozwoli nam na utrzymanie równowagi biochemicznej w organizmie przez resztę dnia.

Analiza pierwiastków

Pierwiastek	Źródło pokarmów
Wapń	mleko, żółte sery, żółtko jaj, skorupiaki, czekolada, figi, groch, fasola, jogurt
Fosfor	nabiał, mięso zwierzęce, ryby (tuńczyk, pstrąg, sardynki), drób, orzechy, warzywa strączkowe
Żelazo	mięso zwierzęce (wątroba, polędwica wieprzowa, płuca), skorupiaki, żółtko jaj, rośliny strączkowe, orzechy, zboża, grzyby, pestki dyni, kaszanka
Jod	sól jodowana, owoce morza, tran z dorsza
Miedź	jaja, mąka z pełnego przemiału, fasola, buraki, pomidory, wątroba, nerki, ryby, szpinak, szparagi
Sód	powszechnie występuje w pokarmach, sól kuchenna, ryby, sery żółte
Potas	w roślinach strączkowych, orzechach, warzywach, owocach
Magnez	rośliny strączkowe, grubo mielone produkty zbożowe, warzywa zielone, podroby, orzechy, morele, figi, banany, kakao

Siarka	wołowina, jagnięcina, wątroba, ryby, drób, jaja, ser, fasola
Cynk	mięso zwierząt, ryby (węgorz, śledzie), ostrygi, jaja, drożdże piwne, warzywa, ziarna słonecznika, dyni, otręby pszenne
Selen	czosnek, melasa, soli kamiennej, orzechy, kukurydza, zielony groszek, nasiona słonecznika
Mangan	ziarnach zbóż, orzechach, warzywa liściaste, herbata
Kobalt	wątróbka, cynaderki i buraki
Chrom	drożdże piwne, brokuły, sok winogronowy, mięso indycze, owoce morza
Molibden	drożdże piwne, kalafior, ryż, szpinak, warzywa strączkowe, wątroba

Badania przemiany mineralnej są prowadzone od 30 lat w wielu ośrodkach naukowych na świecie. Wyniki analizy pierwiastkowej mogą: wykazać skłonności do pewnych chorób, wspomagać interwencje terapeutyczne, wyjaśnić zaburzenia towarzyszące wielu patologiom. Na podstawie takich wyników można przygotować indywidualne zalecenia dietetyczne i program suplementacyjny (witaminowo-mineralno-antyoksydacyjny), mający na celu polepszenie stanu zdrowia.

Proporcje niektórych pierwiastków

Cynku do miedzi – Cynk i miedź w sposób istotny biochemicznie, są związane z działaniem hormonów płciowych (estrogenów i progesteronu). Niewłaściwa proporcja pomiędzy cynkiem a miedzią może wskazywać na występowanie zaburzeń w działaniu wspomnianych hormonów.
Przy nadmiarze estrogenu stwierdza się zwiększenie retencji miedzi. Natomiast przy nadmiarze progesteronu obserwuje się zwiększoną retencję cynku. Niedobór estrogenu i miedzi może przyczynić się do osteoporozy, powodować zespół napięcia przedmiesiączkowego i dolegliwości w okresie menopauzy.

Żelaza do miedzi – stężenie żelaza i miedzi oraz ich wzajemny stosunek, obrazują przebieg tworzenia krwinek czerwonych.
Niewłaściwa proporcja Fe/Cu ze względu na niską zawartość żelaza, może oznaczać skłonność organizmu do niedokrwistości.

Żelaza do kobaltu – Kobalt współzawodniczy z żelazem o dostęp do osoczowych białek transportowych. Wprzypadku niskiego stężenia żelaza może rozpocząć się proces gromadzenia kobaltu w tkankach miękkich, szczególnie w gruczole tarczycowym. Wywołana tym zjawiskiem zmiana metabolizmu hormonów tarczycy predestynuje do powstania wola, zakłóceń pracy serca, biegunek.

Sodu do potasu – stosunek sodu do potasu opisuje czynność nadnerczy. Wysoki stosunek sodu do potasu oznacza wzrost retencji sodu. Może być spowodowany zwiększonym wydzielaniem aldosteronu i świadczy o odpowiedzi organizmu na stres.

Wapnia do żelaza – wzajemna proporcja wapnia do żelaza, podobnie jak proporcja żelaza do miedzi, może wskazywać kierunek metabolizmu żelaza w organizmie. Odbiegająca od normy proporcja wapnia do żelaza, przy małej ilości żelaza, może wskazywać na skłonność do niedokrwistości.

Miedzi do molibdenu – fizjologiczne działanie molibdenu zależy od interakcji z innymi pierwiastkami. Szczególnie ważną rolę odgrywa właściwa proporcja Cu/Mo. Ponieważ miedź i molibden są pierwiastkami antagonistycznymi, nadmiar molibdenu może powodować wtórny niedobór miedzi.

Wapnia do potasu – tarczyca wywiera istotny wpływ na metabolizm wapnia i potasu. Jeżeli wzajemna proporcja wapnia do potasu odbiega od normy (ma wysoką wartość), może wskazywać na obniżoną czynność tarczycy (nie musi oznaczać niedoczynności tarczycy).

Wapnia do fosforu – fosfor jest niezbędny we wszystkich cyklach wytwarzania energii w komórce. Stosunek wapnia do fosforu wskazuje, czy następuje zjawisko gromadzenia się fosforu lub wapnia. Proporcja Ca/P określa, jaki typ przemian energetycznych dominuje w organizmie.
Fosfor jest podstawowym składnikiem związków wysokoenergetycznych (nośników energii). Wapń uczestniczy w przenoszeniu bodźców do układu nerwowego. Ich wzajemny stosunek określa szybkość procesów energetycznych w organizmie.

Przemiana mineralna

Pierwiastki są podstawowym składnikiem świata materii ożywionej i nieożywionej. Azot (N), tlen (O), wodór (H), węgiel (C) budują związki organiczne: białka, węglowodany, tłuszcze i witaminy.

Spośród 104 znanych pierwiastków około 1/3 stanowi ważne dla organizmów elementy strukturalne szkieletu i tkanek miękkich, a także czynniki, regulujące wiele funkcji fizjologicznych, np. krzepnięcie krwi, transport tlenu, aktywacje enzymów.

Pierwiastki te można podzielić na trzy grupy:
- pierwiastki konieczne do życia, tzw. biopierwiastki,
- pierwiastki obojętne, bez których przemiany metaboliczne mogą normalnie przebiegać,
- pierwiastki toksyczne, wywierające szkodliwe działania na organizm.

Pierwiastki konieczne dla prawidłowego funkcjonowania organizmu klasyfikuje się jako makro i mikroelementy.

Makroelementy (mikropierwiastki) to takie pierwiastki, których stężenie w płynach ustrojowych i tkankach wynosi powyżej 1 ug/g mokrej tkanki. Należą do nich: chlor, fosfor, magnez, potas, sód, wapń.

Mikroelementami (mikropierwiastkami) są natomiast te pierwiastki, których stężenie w organizmie jest niższe niż 1 ug/g mokrej tkanki. Należą do nich: arsen, chrom, cyna, cynk, fluor, jod, kobalt, krzem, lit, mangan, miedź, molibden, nikiel, selen, wanad, żelazo.

Pierwiastki toksyczne, szkodliwe dla zdrowia to przede wszystkim aluminium, rtęć, kadm, ołów. Szkodliwość pierwiastków chemicznych zależy od wielu czynników, ale najważniejszymi są: stężenie danego pierwiastka w organizmie i okres narażenia na jego działanie. Istotną rolę odgrywa tu zdolność organizmu do eliminacji pierwiastków szkodliwych – takie funkcje spełniają nerki, wątroba i przewód pokarmowy. Szkodliwy wpływ zależy także od możliwości organizmu do naprawy ich zaburzającego wpływu. Taką ochronną i obronną rolę mogą spełniać witaminy.

Pierwiastki toksyczne mają tendencje do gromadzenia się w narządach miąższowatych, przede wszystkim w wątrobie, nerkach, trzustce. Mogą się one odkładać również w innych tkankach, np.: ołów i aluminium w kościach; ołów, rtęć i aluminium w tkance mózgowej; kadm w cebulkach włosów.

Pierwiastki można oznaczyć w płynach ustrojowych: krwi, surowicy, moczu, płynie mózgowo-rdzeniowym i tkankach. Stężenie pierwiastków we krwi może być niedostateczne ze względu na stosowaną dietę. Bardziej wiarygodnym źródłem informacji są włosy lub paznokcie, których to metabolizm jest spowolniony. Włosy są najlepszym materiałem ze względu na swoją budowę – tkanka z bardzo odpornego białka-keratyny, która tworzy warstwę włosa odporną na działania czynników zewnętrznych oraz utratę składników wewnętrznych. Zapewnia stałość składu chemicznego.

Skład mineralny ustroju w znacznym stopniu zależy od czynników zewnętrznych – rodzaju pożywienia, aktywności fizycznej, stopnia skażenia środowiska. Metabolizm składników mineralnych regulowany przez układ nerwowy i hormonalny, odgrywa bardzo ważną rolę w procesach metabolicznych ustroju. Procesy fizjologiczne zależą nie tylko od składu i stężenia poszczególnych pierwiastków, ale również od ich proporcji.

Wapń

Wapń jest niezbędny w wielu procesach, m.in. przewodnictwie nerwowo-mięśniowym, czynności mięśni, prawidłowym rozwoju układu kostnego, procesach krzepnięcia krwi, aktywacji niektórych enzymów, przepuszczalności błon. Wapń występuje w organizmie w ilościach przekraczających znacznie ilości jakiegokolwiek innego pierwiastka. Około 99% wapnia występuje w kośćcu. Zjonizowany wapń odgrywa ważną rolę w krzepnięciu krwi, w utrzymaniu właściwej pobudliwości serca, mięśni i nerwów. Bierze udział w przepuszczalności błon komórkowych.
Od wapnia zależy działanie wielu enzymów, funkcjonowanie mięśni, gojenie się ran, hormonalna transmisja bodźców, mocne kości, odprężone nerwy, optymizm, entuzjazm, pogodny, wyrównany nastrój, prawidłowa czynność serca, krzepliwość krwi, przyswajanie żelaza w organizmie, zdrowe zęby, zdrowy sen. Wapń umożliwia przewodzenie impulsów nerwowych, jest odpowiedzialny za skurcze włókien nerwowych, bierze udział w wielu procesach enzymatycznych, działa przeciwalergicznie.

Brak
Przy deficycie wapnia mogą wystąpić takie oznaki, jak: skurcze mięśni, uczucie mrowienia, drętwienia w rękach i nogach, ból w stawach, zwolnienie tętna. Następnymi objawami są: bicie serca, krwotoki, zaburzenia snu, stany lękowe, zaburzenia chodu, złamania kości, zaburzenia wzrostu. Objawami niedoboru są również: krzywica u dzieci czy osteoporoza u dorosłych.

Dawka
Zapotrzebowanie dobowe na wapń wynosi dla dorosłych 900 mg/dobę.

Sód

Sód to najważniejszy kation płynu pozakomórkowego. Towarzyszą mu aniony, przede wszystkim: chlorkowy i wodorowęglanowy. Anion wodorowęglanowy niezbędny jest w regulacji równowagi kwasowo-zasadowej. Bardzo ważnym zadaniem sodu jest utrzymanie odpowiedniego ciśnienia osmotycznego płynów ustrojowych. Chroni on w ten sposób organizm przed nadmierną utratą płynów. Sód odgrywa również rolę w zachowaniu prawidłowej pobudliwości mięśni i przepuszczalności błon komórkowych. Sód i potas sterują całą gospodarką elektrolitów, mają wpływ na równowagę kwasowo-zasadową organizmu, odgrywają główną rolę przy przewodzeniu bodźców we wszystkich komórkach nerwowych.

Nadmiar
Istnieją realne zagrożenia związane ze zbyt dużym spożyciem soli, np.: nadciśnienie tętnicze, choroby naczyniowe, cukrzyca, uszkodzenie nerek, dolegliwości wątroby, niedoczynność gruczołów żołądkowych, podwyższone stężenie cholesterolu, uczucie zmęczenia.

Dawka
Zapotrzebowanie dobowe sodu 575-625 mg.

Potas

Potas jest jonem wewnątrzkomórkowym, wpływającym na prawidłowe utrzymanie gospodarki wodno-elektrolitowej organizmu. Jest niezbędny do syntezy białek. Bierze także udział w metabolizmie węglowodanów. Wpływa na prawidłowe funkcjonowanie układu nerwowego i mięśniowego.
Potas jest najważniejszym kationem płynu wewnątrzkomórkowego. Odgrywa zasadniczą rolę przy aktywności mięśnia sercowego. Wewnątrzkomórkowe stężenie potasu spełnia wiele metabolicznie ważnych funkcji, łącznie z biosyntezą białek. Potas i sód sterują całą gospodarką elektrolitów i mają wpływ na równowagę kwasowo-zasadową organizmu, odgrywają główną rolę przy przewodzeniu bodźców we wszystkich komórkach nerwowych. Od potasu zależy: dotlenienie mózgu, działanie mięśni, funkcjonowanie i zaopatrzenie komórek, funkcjonowanie nerek, gospodarka wodna organizmu, prawidłowa czynność serca, przemiana węglowodanowa. Potas jest wyjątkowo ważny przy skurczach włókien mięśniowych, syntezie białek, glikogenu oraz przemianach glukozy.

Brak
Do stanów niedoboru potasu w organizmie dochodzi w wyniku jego nadmiernej utraty przez przewód pokarmowy (długotrwałe wymioty, biegunka), nerki (niewydolność krążenia, niektóre choroby nerek, cukrzyca, stosowanie tiazydowych leków moczopędnych), a także w marskości wątroby, alkoholizmie.
Przy deficycie potasu mogą wystąpić bóle głowy, dolegliwości mięśniowe, nadmierna suchość skóry, nerwowość, omdlenia, problemy ze snem, skurcze jelit, trądzik u dorastającej młodzieży, wydłużony czas gojenia ran, zakłócenia rytmu serca, zaparcie, uczucie zmęczenia. Objawami niedoboru są również skurcze i porażenia mięśni, zaburzenia koncentracji, utrata apetytu, spowolniona reakcja na bodźce, dolegliwości oddechowe, zatrzymanie pracy serca, zaparcia, nieregularne bicie serca, bezsenność.

Dawka
Zapotrzebowanie dobowe dla potasu wynosi: 3500 mg.

Fosfor

Fosfor występuje w każdej komórce organizmu, lecz ok. 80% fosforu występuje w połączeniu z wapniem w kościach. Fosfor odgrywa ogromną rolę w magazynowaniu i transporcie energii, kiedy występuje w postaci estrów fosforanowych. Stosunek wapnia do fosforu w diecie ma wpływ na wchłanianie i wydalanie tych pierwiastków. Jeśli jeden z tych pierwiastków występuje w przewadze, wzrasta wydalanie drugiego. Fosfor potrzebny jest nie tylko do przemian energetycznych, ale bierze udział w tworzeniu kości i zębów, uczestniczy w równowadze kwasowo-zasadowej, współtworzy fosfolipidy, które służą za budulec dla mózgu i komórek nerwowych, uczestniczy w syntezie kwasów nukleinowych – dezoksyrybonukleinowych DNA i rybonukleinowego RNA.

Brak
Objawy niedoboru to: stany osłabienia, ucieczka wapnia z kości, zaburzenia w budowie masy kostnej, nieregularny oddech, zmęczenie, zaburzenia nerwowe.

Dawka
Zapotrzebowanie dobowe dla fosforu wynosi dla dorosłych 700-900 mg.

Cynk

Cynk spełnia szereg podstawowych funkcji w organizmie. Jako składnik różnych enzymów bierze udział w metabolizmie białek i węglowodanów.
Cynk odgrywa także istotną rolę w funkcjonowaniu układu rozrodczego, zwłaszcza u mężczyzn, oraz działa odtruwająco (antagonista kadmu i ołowiu). Istotny metabolicznie antagonizm zaznacza się między Zn-Cd i Zn-Cu. Poza tym wapń i magnez mogą działać ograniczająco na wchłanianie tego metalu. Cynk jest niezbędny do syntezy białek, jest ważnym składnikiem enzymów trawiennych, bierze udział w magazynowaniu insuliny, wspomaga system immunologiczny. Cynk bierze udział w utrzymaniu równowagi innych pierwiastków śladowych jak mangan, magnez, selen i miedź.

Brak
W deficycie cynku pierwszymi objawami są kurza ślepota, brak apetytu, brak wewnętrznego „napędu", choroby skóry, drżenie kończyn, karłowatość, łamliwe paznokcie, łamliwość i wypadanie włosów, objawy starzenia się, podatność na zakażenie, przedłużająca się suchość oczu, rozstępy na skórze, stany depresyjne, upośledzenie możliwości ruchowych i trudności z chodzeniem, upośledzenie smaku, zaburzenia mowy, zaburzenia wzrostu, uczucie znużenia. Uwaga! Przy niedoborze cynku występuje natychmiast spowolnienie procesów wzrostu. Szybko też występują dolegliwości jak nagłe pojawienie się zmarszczek, fałd skórnych i „kurzych łapek". Objawami niedoboru są również znaczny wzrost tolerancji na glukozę, zmiany w gospodarce hormonalnej i aktywności enzymów, zwiększenie niebezpieczeństwa infekcji, cukrzyca.

Nadmiar
Działanie toksyczne. Ostre zatrucie cynkiem powoduje osłabienie, wymioty i niedokrwistość. Zatrucia ludzi cynkiem następują głównie w wyniku spożycia owoców lub warzyw opryskiwanych preparatami cynkowymi lub produktów przechowywanych w naczyniach cynkowych.

Dawka
Zapotrzebowanie dobowe dla dorosłych wynosi 15 mg.

Magnez

Magnez bierze udział w różnych procesach metabolicznych. Odgrywa ważną rolę w procesie skurczu mięśni (w tym mięśnia sercowego) – utrzymuje normalny rytm serca, wpływa na pobudliwość nerwowo-mięśniową. Wpływa także korzystnie na proces krzepnięcia krwi – jest stabilizatorem płytek krwi i fibrynogenu. Stymuluje mechanizmy obronne organizmu, wpływa na prawidłowy rozwój układu kostnego, a także wywiera działanie uspokajające. Magnez jest makroelementem niezbędnym do prawidłowego funkcjonowania komórek. Witamina B6 (pirydoksyna) zwiększa syntezę GABA, który pełni funkcję neuroprzekaźnika w organizmie, ale ułatwia wchłanianie magnezu z przewodu pokarmowego. Dzięki synergicznemu działaniu obu składników preparat usuwa stany niepokoju o podłożu psychicznym lub somatycznym, nie upośledzając zdolności uczenia się i koncentracji. Zapobiega także stresom, bólom i zawrotom głowy. Magnez jest konieczny dla właściwego metabolizmu wapnia i witaminy C. Wywiera wpływ na metabolizm sodu, potasu i wapnia. Jest potrzebny do syntezy białek, chroni naczynia włosowate mięśni przed uszkodzeniem, bierze udział w syntezie znacznej ilości enzymów, odgrywa kluczową rolę w biochemicznych przemianach energetycznych cukru we krwi. Magnez spełnia rolę w profilaktyce i terapii różnych chorób oraz zapobiega nadpobudliwości nerwowej, depresji i wegetatywnej dystonii.

Brak
Niedobór magnezu objawia się wzmożonym napięciem mięśniowym, drżeniem mięśniowym, skurczami mięśni, w skrajnych przypadkach osłabieniem, nudnościami i wymiotami, zaburzeniami rytmu serca, zmianami psychicznymi – objawami depresyjnymi, drażliwością, stanami lękowymi, omamami, zaburzeniami snu.

Dawka
Zapotrzebowanie dobowe na magnez wynosi około 300 mg i wzrasta przy przyspieszonym pasażu przez przewód pokarmowy, nadmiernym spożyciu alkoholu, sytuacjach stresowych, nadmiernym wysiłku.

Żelazo

Żelazo wchodzi w skład wielu enzymów oraz związków metaloproteinowych biorących dział w procesach oksydacyjno-redukcyjnych. Żelazo stanowi podstawę hemoglobiny i mioglobiny oraz wielu enzymów żelazoporfirynowych, związanych z oddychaniem wewnątrzkomórkowym. Część żelaza jest bezpośrednio wykorzystywana przez komórki układu erytroblastycznego do produkcji hemoglobiny, pozostałość gromadzi się w postaci ferrytyny, głównie w wątrobie i śledzionie oraz innych narządach. Surowiczym białkiem nośnikowym żelaza jest transferyna. Żelazo zmagazynowane w organizmie pozostaje w dynamicznej równowadze z tym, które znajduje się w surowicy.
Od żelaza zależy : działanie enzymów, stan krwinek czerwonych, oddychanie komórkowe, prawidłowa czynność serca, procesu podziału komórek, przemiana hormonalna, rozwój tkanki mięśniowej, stan układu odpornościowego, zaopatrzenie komórek w tlen.
Zarówno wchłanianie, jak i metaboliczna funkcja żelaza są powiązane z oddziaływaniem innych pierwiastków. Szczególnie antagonistyczne działanie wykazują kadm, mangan, ołów, cynk. W przypadku miedzi zależność ta ma charakter złożony i często synergistyczny w związku z ich współdziałaniem w procesach oksydacyjno-redukcyjnych. Hamująco na bioprzyswajalność żelaza wpływa fosfor, co wynika z łatwego wytrącania się fosforanów tego metalu w różnych warunkach.

Brak
Objawy niedoboru: stany osłabienia i duszności, anemia, obstrukcje. Niedobór żelaza występuje często u ludzi i na ogół powodowany jest niską zawartością przyswajalnych form tego metalu w pożywieniu lub zaburzeniami w procesie jego wchłaniania. Niedobór żelaza wywołuje przede wszystkim niedokrwistość, a następnie uszkodzenie błon śluzowych związane z upośledzeniem wchłaniania składników pokarmowych. Ogólnym efektem braku tego metalu jest ograniczenie wzrostu i wycieńczenie organizmu, co u dzieci może wpływać niekorzystnie na rozwój psychiczny.

Dawka
Zapotrzebowanie dobowe dla żelaza wynosi dla dorosłych 10-18 mg.

Miedź

Miedź jest jednym ze stabilnych składników krwi ludzkiej. Jej stężenie w surowicy waha się najczęściej w granicach 100-130 mg/100ml i jest nieznacznie większa u kobiet niż u mężczyzn. Miedź, aktywując enzym niezbędny do budowy erytrocytów, wpływa na prawidłowe funkcjonowanie układu krwionośnego. Istotny jest także jej wpływ – między innymi poprzez syntezę dopaminy na rozwój układu nerwowego oraz – poprzez syntezę kolagenu i elastyny – na regenerację tkanki łącznej. Ponadto miedź wraz z cynkiem przeciwdziałają uszkodzeniom wywołanym przez wolne rodniki tlenowe. Miedź jest składnikiem i aktywatorem enzymów w licznych reakcjach. Miedź konieczna jest dla absorpcji oraz metabolizowania żelaza. Miedź odgrywa rolę przy utlenianiu witaminy C.
Jest także niezbędna do prawidłowego metabolizmu tkanki łącznej, jak i do funkcjonowania komórek mózgu. Niedobór powoduje zaburzenia w wymienionych procesach, które objawiają się w różnych zespołach chorobowych, jak anemie, ograniczenia wzrostu i płodności, zaburzenia systemu nerwowego (migreny), choroby układu krążenia, a także osteoporoza.

Brak
Brak miedzi powoduje ogólną słabość, obniżenie prawidłowego oddychania tkankowego.

Dawka
Zapotrzebowanie dobowe dla miedzi dla dorosłego wynosi 1,5-4 mg.

Mangan

Mangan bierze udział w różnych procesach fizjologicznych przede wszystkim jako aktywator enzymów regulujących metabolizm glukozy i innych węglowodanów, lipidów łącznie z cholesterolem oraz białek. Mangan nie wchodzi w skład tych enzymów, a jego funkcja nie jest specyficzna i może być zastąpiona przez inne metale, szczególnie przez magnez. Jeden z metaloenzymów zawierających mangan karboksylaza może także funkcjonować w połączeniu z innym metalem. Mangan jest niezbędnym składnikiem kości bierze udział w prawidłowym funkcjonowaniu ośrodkowego układu nerwowego. Nerki i wątroba to główne narządy magazynujące mangan. Mangan należy do antyutleniaczy. Jego obecność konieczna jest dla metabolizmu witaminy B i E. Aktywuje niektóre enzymy biorące udział w procesie wytwarzania energii, syntezie glikogenu, mocznika oraz białek uczestniczących w procesie krzepnięcia krwi i regeneracji tkanki łącznej. Mangan wspomaga działanie magnezu w kościach. Wypiera magnez z połączeń w układach enzymatycznych, ale przeciwnie do wapnia i fosforu nie blokuje tych enzymów, ale pobudza je do jeszcze większej aktywności niż jony magnezu. Jako katalizator bierze udział w trawieniu tłuszczów i cholesterolu.
Od manganu zależy między innymi: aktywność płciowa, barwnik włosów, działanie wielu enzymów, witamin, funkcjonowanie trzustki, a także ma wpływ na kości i zęby. Bierze udział w aktywnym oddychaniu komórkowym, odgrywa rolę w utrzymaniu prawidłowego stężenia cukru we krwi, wpływa na wytwarzanie hormonów. Stężenie manganu w tkankach człowieka, szczególnie w kościach, spada z wiekiem. Jego niedobór powoduje deformacje kości, zahamowanie wzrostu oraz zaburzenia w koordynacji ruchów.

Brak
Przy deficycie manganu mogą wystąpić: bóle w stawach, brak popędu płciowego, pesymizm, pogorszenie słuchu, sucha i popękana skóra, szmery w uszach, utrata masy ciała, zmęczenie, stany niepokoju.Objawy niedoboru: ślepota, utrata słuchu, cukrzyca, zawroty głowy.

Dawka
Zapotrzebowanie dobowe dla manganu wynosi 2,5-6 mg.

Selen

Selen jest jednym z niezbędnych mikroelementów i musi być dostarczany w pożywieniu.
Źródła selenu w pożywieniu: zboża, mięso, jaja, nabiał, ryby i skorupiaki. Nie wszystkie pokarmy są dobrym źródłem selenu, bowiem pierwiastek ten nie w każdej postaci jest dobrze wchłaniany w przewodzie pokarmowym. Podstawową rolę w biodostępności odgrywa forma chemiczna selenu. Najwyższą bioprzyswajalnością charakteryzuje się selen pozyskiwany z drożdży. Wchłanianie selenu wzmagają białka małomolekularne oraz witaminy (głównie A, E, C). Synergiczne działanie selenu z witaminą E przyczynia się do opóźniania procesów starzenia oraz przyspieszenia regeneracji komórek. Jest on konieczny do prawidłowego funkcjonowania układów enzymatycznych. Najważniejszą jego funkcją jest tworzenie silnego antyutleniacza, enzymu zwanego peroksydazą glutationową. Chroni on czerwone krwinki i błony komórkowe przed szkodliwym wpływem wolnych rodników. Ważny jest także dla funkcjonowania układu odpornościowego oraz tarczycy. Wraz z innymi przeciwutleniaczami chroni serce przed działaniem wolnych rodników, pomaga w walce z depresją, przemęczeniem i nadmierną nerwowością. Redukuje ilość szkodliwych związków przyczyniających się do powstawania reumatoidalnego zapalenia stawów – podawanie selenu łagodzi objawy choroby aż u 40% chorych. U mężczyzn połowa selenu akumulowanego w organizmie znajduje się w jądrach i gruczołach płciowych podtrzymując sprawność seksualną mężczyzn. Selen zapobiega powstawaniu zmian nowotworowych w różnych narządach i tkankach. Liczne badania potwierdzają, że selen zmniejsza ryzyko występowania wszystkich nowotworów a w szczególności raka wątroby, prostaty, jelita grubego oraz raka płuc.

Brak
Objawami deficytu selenu są bladość, dolegliwości mięśniowe i stawowe, łamliwe paznokcie, oznaki starzenia się, podatność na zakażenia, zaburzenia czynności serca, zaburzenia widzenia, częste przeziębienia.

Dawka
Zapotrzebowanie dobowe dla selenu wynosi dla kobiet 60 ug oraz dla mężczyzn 70 ug.

Polecana literatura uzupełniająca:

Campbell T. Colin i Campbell II Thomas M., *Nowoczesne zasady odżywiania*, Wyd. Galaktyka, Łódź 2011.
Celma AlexRovira, Trias de Bes Fernando, *Szczęście czy fart?* Wyd. Amber, 2004.
Dobroń Grażyna, *Instrukcja samoobsługi człowieka*, Wyd. Czarna Owca Warszawa, 2010.
Pinkola Estes Clarissa, *Biegnąca z wilkami*, Wyd. Zysk i S-ka, Poznań 2001.
Exel Wolfgang, Dungl Willi, *Naturalne metody lecznicze*, Świat Książki, Warszawa 1995.
Gajer Paweł, *Radość Życia*, 2013.
Janus Ewa, *Bądź aniołem swojego życia*, Wyd. Rawi, 2003.
Janus Andrzej, *Postawiłem na zdrowie*, Wyd. Biosłone, 2006.
Małachow Gienadij, *Samoleczenie i uzdrawianie*, Wyd. ABA.
McKeith Gillian, *Jesteś tym, co jesz*, Dom Wydawniczy Rebis Poznań.
Mindell Dr Arnold, *Siła Ciszy*, Wyd. Kos, Katowice 2007.
Morrison,Ayurveda Judith H., *Co robić, by czuć się dobrze*, Wyd. Delta.
Ornish Dean, *Miłość i przetrwanie*, Wyd. Jacek Santorski&CO, Warszawa 1998.
Pomorski Marian, *Długowieczność zależy od ciebie*, Wyd. Marpo Kielce 1997.
Roach Gesze Michael, *Diamentowe ostrze*, Wyd. Czerwony Słoń, Gdańsk 2000.
Schache Ruediger, *Magnetyzm serca*, Wyd. Sonia Draga, Katowice 2009.
Schwartz David J., *Pozytywne myślenie drogą do sukcesu*, Wyd. Bertelsman Media, Warszawa 2000.
Stone Gene, *Sekrety ludzi, którzy nie chorują*, Wyd. Weldbild, Warszawa 2010.
Tombak Michał, *Droga do zdrowia*, Firma Księgarska Serwis, Łódź 2008.
Wasmer Smith Linda, *Psychika i ciało*, Prószyński i S-ka, Warszawa 1998.
Wiśniewska-Roszkowska Kinga, Zgirski-Starość Alojzy, *Metabolizm, Rewitalizacja*, Wyd. Państwowy Zakład Wydawnictw Lekarskich, Warszawa 1973.
Wiśniewska-Roszkowska Kinga, *Rewitalizacja i długowieczność*, Wyd. Różdżkarz, Poznań 1990.

Spis treści

Rozdział 1 **Psychika i ciało** 11

Rozdział 2 **Potęga poczucia własnej wartości** 37

Rozdział 3 **Pozytywne myślenie** 45

Rozdział 4 **Naucz się przebaczać** 57

Rozdział 5 **Dojrzewajmy z klasą** 63

Rozdział 6 **Uzdrawiająca moc uczucia** 71

Rozdział 7 **Rewitalizacja** 87

Rozdział 8 **Dietetyka w służbie rewitalizacji** 95

Rozdział 9 **Zdrowe odżywianie** 109

www.ingramcontent.com/pod-product-compliance
Lightning Source LLC
LaVergne TN
LVHW021829060526
838201LV00058B/3572